JENSEITS DER FÜNFZIG

Reife und Erfüllung

WLADIMIR LINDENBERG

Jenseits der Fünfzig

Reife und Erfüllung

ERNST REINHARDT VERLAG MÜNCHEN BASEL

CIP-Kurztitelaufnahme der Deutschen Bibliothek

Lindenberg, Wladimir:
Jenseits der Fünfzig: Reife u. Erfüllung /
Wladimir Lindenberg. – 50.–59. Tsd. –
München; Basel: E. Reinhardt, 1983.

ISBN 3-497-00550-9
50.–59. Tsd.

Gesamtherstellung: Franz Spiegel Buch GmbH., Ulm
Printed in Germany

INHALT

Sie haben es recht erraten! Das Buch strebt zu Ihnen! Sie halten es in Ihren Händen, nun behalten Sie es und lesen Sie es. „Habent sua fata libelli." Die Bücher haben ihre Schicksale. Das Schicksal dieses Bändchens ist es, Ihnen zu dienen und Ihr Freund zu werden. Wenn Sie noch Augen zum Sehen und Ohren zum Hören haben, werden Sie merken, daß es Ihnen helfen will, recht zu reifen und Ihr eigenes Leben in den Griff zu bekommen.

Wenn, irgendwann, am Ende des Lesens, Ihr Wesen durchlässig geworden ist für die Einströmung Gottes in unser Sein, dann sind Sie bei der letzten Seite dieses Buches nicht mehr der Gleiche, der Sie zu Beginn waren.

Es ist alles so geblieben, wie es war, und doch ist vieles anders geworden. Ihre Sinne haben sich der Welt Gottes geöffnet.

Von einem Jünger des islamischen Mystikers Nakhaschabi, der vom glühenden Herzensfeuer besessen war, wird erzählt, sein Meister habe ihm geraten, den Mystiker Bayezid aufzusuchen. Der Jünger rief aus: „O, Herr! Wer täglich den Gott von Bayezid sieht, braucht nicht den Bayezid selbst zu sehen!" — Da sagte Butorab: „O, Jünger! Wenn du Gott siehst, siehst du ihn nur mit dem Grad deines eigenen Sehvermögens. Wenn du Gott aber durch Bayezid siehst, wirst du ihn mit dem Sehvermögen Bayezids sehen können. Es gibt Sehen und Sehen!" —

Bayezid aber sprach: „Dreißig Jahre lang habe ich gebetet: »Gott, tu so und so, gib dies und jenes!« — Als ich die oberste Stufe der Erkenntnis erstieg, rief ich aus: »Gott, sei Du für mich und tu, was Du willst!«“

EINSTIMMUNG IN DEN HERBST DES LEBENS

Wir stehen im Abendland unter dem Einfluß der Jahreszeiten, die trotz der sich immer mehr in unser Dasein eingreifenden Technik tiefe Wirkungen auf unsere Lebensgewohnheiten, unsere Gesundheit und unsere Stimmungen haben. Unsere christlichen Feste schwingen ebenfalls im Rhythmus der Jahreszeiten mit. Das Auferstehungsfest können wir uns nicht anders denken als im Frühling. Die ganze Natur steht mit Christus vom Tode auf und frohlockt im sich entfaltenden Leben. Im Frühsommer ist es das Fest des Heiligen Geistes und der Heiligen Dreifaltigkeit, da Gottes Geist auf die reifende Natur und den reifenden Menschen herabsteigt und mit ihnen eins wird. Im Oktober feiern wir das Erntedankfest, wir danken für all die Fülle der Gaben, die den Leib erhalten, und wir sollten auch für die Fülle der geistigen Gaben danken, für die Reife des Lebens, die späten Jahre des Menschen. Der November ist den Gedanken an das Sterben und den Tod vorbehalten. Es ist die Zeit, da die Erde dunkel wird, die Bäume und Sträucher ihr farbiges Kleid ablegen; wir begegnen dem Skelett der Dinge, die Nebel schweben über der Erde, und der Frost läßt sie in Eiskristallen erglitzern.

Der Mensch verzieht sich in seine Behausung, in der er sich nun geborgen fühlt. Die Dunkelheit bricht früh herein, und es ist gemütlich beeinander oder auch allein zu sitzen, zu sinnieren, schöne alte

Adventslieder zu singen oder zu hören, eine Kerze anzuzünden und den Duft von Lebkuchen und gebackenen Äpfeln einzuatmen. Auf den Gräbern der Lieben brennen Kerzen oder Lämpchen und liegen frische immergrüne Kränze, und wir verbinden uns mehr als sonst in Dankbarkeit und Weihe mit unseren Verstorbenen, die diese Erde verlassen haben, ohne Groll und Erinnerungen an kleine Boshaftigkeiten des Alltags — alles, was uns bleibt, ist das Schöne und Große, das wir gemeinsam erlebt haben.

Am dunkelsten Tage des Jahres feiern wir unter dem kerzengeschmückten Tannenbaum, dem Symbol der Unvergänglichkeit und der Unabhängigkeit von den Jahreszeiten, die Geburt des Heilands — am Tag des unvergänglichen Lichts — und wir wissen, nun wird es heller und lichter, es geht auf die Auferstehung, auf den Frühling zu.

Alle Jahreszeiten sind schön, und seit jeher vergleicht sie der Mensch mit seiner eigenen Entwicklung. Der alternde Mensch wird mit dem Herbst und dem Winter verglichen. Ist der Herbst nicht eine wunderbare Jahreszeit? Die glasklare Luft mit weiter Fernsicht, das ekstatische Rot und Gold und Braun des Laubes, das Reifen der Früchte und die roten und gelben Beeren an den Sträuchern, eine letzte wunderbare Hymne an Gott! Versuchen wir die Zweige in die Vase zu stellen: die Blätter fallen gar bald ab, werden braun, vertrocknen oder rollen sich ein. Sie belehren uns, daß dieser Zustand des reinen Geistes ein flüchtiger ist und es uns nicht vergönnt ist, ihn zu verewigen. Sie sind da, um sich loszulassen, und sie sagen es uns. In dem Ablösen des Blattes vom Baum steckt eine Lehre, ein Auftrag. Alles Lebende geht diesen Weg des Ablösens. Tut es uns weh, wenn wir sehen, wie die Blätter lustig durch den Wind wirbeln? Nein, wir freuen uns an diesem Bild, und es ist kein Schmerz in diesem Flug zur Erde.

Und die Tiere, die wir lieben und die uns entzücken, fällt uns ihr Altwerden unangenehm auf? Werden sie häßlich oder abstoßend? Sie werden vielleicht etwas langsamer und schwerfälliger, aber sie behalten ihre schöne Gestalt, ihre Gelassenheit und ihre Würde. Diejenigen von uns, die noch inmitten der Natur, in Dörfern oder kleinen Städten oder in Parklandschaften leben, erfahren zu jeder Zeit, wie erhaben, wie großartig und eigentlich auch unpathetisch das Leben ist, wie stetig es von einem Tag in den anderen übergeht, ohne daß man einen Wechsel wahrnimmt; und doch vollzieht sich Wandel, Wachstum, Reife und Vergehen als ein geistig-leiblicher Prozeß über Jahrmillionen, von Generation zu Generation.

Jede Generation erlebt sich als etwas Einmaliges, und doch ist sie nichts anderes als eine Fortsetzung des Alten und ein Gefäß für die nach ihr Kommenden. Darin liegt Kontinuität und Unsterblichkeit, in der leiblichen Fortpflanzung alles Lebenden und Seienden und in der geistigen Fortpflanzung alles Erlernten, der Sprache, der Bräuche, des Handwerks, der Weltanschauung, der Ideen, der Kunst. Nichts Neues kann geboren werden, ohne daß es sich an bereits bestehende Aussagen und Formen anschließt. Das ist das wahre Wunder, daß wir als Person aus Chromosomen von Abertausenden von Ahnen leben und gestaltet werden, und daß unser Geist und die schöpferischen Kräfte die Freiheit haben, aus allen Quellen der Vergangenheit und der Gegenwart und aus allen geographischen Breiten Anleihen zu machen und sie zu etwas Neuem zu verarbeiten. Wenn uns der Stolz befällt über ein gelungenes Werk, sollten wir uns sogleich ermahnen, dankbar zu sein den Quellen und Nebenflüssen, die in den Strom unseres Wirkens sich ergießen.

Wann werden wir gewahr, ob und daß wir altern? Es ist ein kontinuierlicher Prozeß von der Wiege bis zum Grabe, der sich im wesentlichen unmerkbar vollzieht, es ist etwas Relatives, und kein Mensch empfindet sich so alt wie ein anderer. Heute war ich mit einem jungen Freund einkaufen. Ein kleiner Junge, der auf einem Einkaufswagen saß, deutete zum jungen Mann und sagte zu seiner Mutter: „Das ist aber ein alter Onkel!" — Wir haben sehr gelacht. Als Junge fand ich Menschen von zwanzig Jahren alt, und später als Student solche von Vierzig und konnte mir nicht vorstellen, wozu sie in Amt und Würden standen und viel Geld verdienten; was wollten denn so alte Menschen noch mit Geld anfangen?!

Als junger Arzt besuchte ich von der Klinik aus eine achtzigjährige sehr rüstige Dame. Sie beklagte sich, daß ihr neunzigjähriger Mann sich für junge Mädchen interessiere und sie geschlechtlich vernachlässige. Da mußte ich erst mehrere Minuten Luft schnappen. Ich war fest überzeugt, daß solche Gefühle nur der Jugend eigneten.

Ich hatte eine liebe Freundin, Baronin Pallandt, die zweiundachtzig war. Ohne mir etwas dabei zu denken, sagte ich in ihrer Gegenwart, sie sei eine alte Dame — bei mir dachte ich natürlich, sie sei eine sehr alte Dame —; da verbesserte sie mich pikiert: „Ältere Dame, bitte!" — Ich errötete. Wer war denn dann noch alt? Aber ich begann zu begreifen, daß es so etwas wie Jugend und Alter gar nicht gibt. Die Jungen wollen so schnell wie möglich erwachsen werden, um anerkannt zu sein, und die Alten wissen und merken es gar nicht, daß sie alt sind.

Ein Wort meines geliebten Großonkels Iwan Tarletzki fiel mir tief in die Seele. Ich fragte ihn einmal, wie alt er sei. Er seufzte: „So alt wird kein Pferd, es werden wohl bald siebzig sein, aber wenn du mich fragst: wenn ich nachts schlaflos im Bett liege und die Knochen und Gelenke tun mir weh vor Rheumatismus, da frage ich mich auch manchmal: wie alt bist du eigentlich, Iwan? — und was meinst du, mein Junge, ich komme nie über die siebzehn; wie ich damals war, voller Ideen und Flausen und Unarten, das ist alles noch da. Bin ich nun siebzehn oder siebzig? Ich weiß es selbst nicht recht."

Wenn man ihn ansah, den wunderschönen alten Mann mit dem weißen Bart und dem gütigen Lächeln, der uns Junge verstand und verteidigte, dann mußte man sagen: er war jung, er war so jung wie wir, und in seiner Gegenwart dachten wir nie daran, daß er altersmäßig nicht zu uns gehörte.

Und jetzt, da ich so viele Jahrzehnte später im gleichen Alter stehe wie Onkel Iwan und meine Haare weiß sind, wie oft frage ich mich, wie alt ich wohl sei, und ich möchte mit den gleichen Worten antworten. Wenn man sich die Fähigkeit bewahrt, die Jungen zu verstehen und mit ihnen zu leben, und wenn man der neuen Zeit offen gegenübersteht und sie akzeptiert, wie sie ist, dann ist man noch nicht verkalkt. Es geht nicht um die Kunst, jung oder alt zu sein; sondern um die Kunst, zeitlos zu sein, im vierzehnten und im zwanzigsten Jahrhundert leben zu können.

Wer in das Alter hineinwächst, ohne alt zu werden, dessen Runzeln und weiße Haare und verbrauchte Bandscheiben zählen nicht, der bleibt mitten im Leben, und der wird auch nicht von den Jüngeren vergessen und auf ein Abstellgleis gestellt. Altsein kann ein heiliger Zustand — und eine Hölle sein, und fast in den meisten Fällen hängt es von der Person des Alternden ab, wie er sein Älterwerden gestaltet.

EHRET DAS ALTER!

Es ist ein altes Gebot: die Ehrung der Eltern und Ahnen. Es ist in der modernen Zeit etwas außer Kurs geraten, und doch besteht die Welt durch die Ehrung, nicht nur der Eltern und der Alten, auch der Kinder, aller Lebewesen und Kreaturen. Dort, wo keine Ehrfurcht vorhanden ist, ist Tod und Zerstörung. Es genügt aber nicht, daß die Alten von heute sich darauf besinnen, daß sie Anspruch auf Verehrung haben. Sie sollten sich fragen, ob sie denn selbst in ihrer Jugend und in ihrem reifen Alter gebührend Ehrfurcht in sich lebendig erhielten. Ein Zeichen unserer Zeit ist die Ehrfurchtslosigkeit; wir glauben alles erklären zu können, für jedes Verhalten und alle Handlungen Motivierungen gefunden zu haben. Die entlarvende Psychoanalyse zeigt uns den Menschen nackt und bloß und erbärmlich in seiner Durchschaubarkeit, getrieben von Sexus, Geltungsdrang; und selbst Haltungsweisen wie Güte, Freundlichkeit, Hilfsbereitschaft, Selbstlosigkeit werden als Befriedigungen des Geltungsbedürfnisses gedeutet. So gesehen, ist der Mensch ein Objekt der Analyse, der wissenschaftlichen Zerlegung und kein Gegenstand der Ehrfurcht mehr.

Ein Leben ohne Liebe und Verehrung aber wird kalt und einsam. Unter dieser Kälte leiden die Kinder, die Eheleute, die Alten. Man nimmt sich nicht mehr die Mühe, dem anderen Freundlichkeiten und Liebenswürdigkeiten zu erweisen, und lebt fortan in einem liebeleeren Raum. Nichts ist mehr neurosebildend als dies. Wann und wie läßt sich der Verlust der Ehrfurcht wiedergutmachen? Kann man jemandem sagen: „Von nun an wirst du den oder jenen ehren!"? Das wäre ein unsinniges Unterfangen. Man kann nur eines: damit beginnen, allen Menschen und Dingen in Ehrfurcht zu begegnen und ihnen kundzugeben, daß sie einem nicht gleichgültig sind, daß sie einem etwas bedeuten. Bei solchen Begegnungen fühlt sich der, dem man begegnet, beachtet und gehoben, und seine Reaktion wird sein, daß er aufmerkt und dem, der ihm diese Achtung entgegenbringt, mit gleicher Achtung antwortet.

Ich höre oft Junge und auch Erwachsene, die mit älteren Menschen zusammenkommen, sagen: „Ich kann alte Leute nicht ausstehen!" Man geht achtlos und unfreundlich an ihnen vorbei, weil man glaubt, man hätte sich nichts mehr zu sagen. — Wer so etwas sagt, realisiert gar nicht, daß auch er mit jedem Tag sich dem Zustand des Altwerdens nähert. Wird er dann, bei solcher Gesinnung, sich selbst noch achten können? — O ja, er achtet ja nur die anderen nicht, für sich selbst wird er Achtung beanspruchen!

In einer Zivilisation, in der Menschen irgendwelcher Altersstufen nicht geachtet werden, ist etwas nicht in Ordnung, weil es ein zwingendes Gesetz ist, daß jedermann alle Reifungsstufen durchschreiten muß. Kein Mensch aber kann ohne Achtung und ohne Selbstachtung leben: er wirft sich selbst damit auf den Müllhaufen.

Wie oft erlebe ich als Arzt, daß sich Kinder von

ihren Eltern entfremden und umgekehrt. Die Eltern leiden mehr darunter als die Jüngeren. Wenn man mit jenen darüber spricht und sie ermahnt, sich zu versöhnen und den ersten Schritt zu tun, dann lehnen sie es mit Entrüstung ab. Sie seien doch die Älteren, und die Jugend habe das Alter zu ehren. Sie vergessen oder wissen es gar nicht, daß auch sie es vergessen hatten, die Jugend zu ehren und ihr durch solches Beispiel das Geheimnis der Achtung zu schenken. Und weil sie aus Rechthaberei und Eigensinn nicht den ersten Schritt tun wollen, wird die Entfremdung perfekt, und sie verharren in einer selbsterzeugten luftleeren Einsamkeit.

In zwei verschiedenen Ländern habe ich erlebt, wie wohltuend Achtung ist. In Japan sah ich, mit welcher Würde und Freundlichkeit die Eltern mit ihren Kindern sprachen, mit den ganz Kleinen. Sie gingen auf alle ihre Fragen ein und behandelten sie wie kleine Erwachsene, und die Kinder, in ihrem natürlichen Nachahmungstrieb, taten das Gleiche. Sie lernten am erlebten Beispiel, daß die Verehrung zum Dasein gehört und von ihm nicht zu trennen ist. In Afrika waren solche Sitten nicht so sichtbar ausgeprägt, aber auch dort erlebten die Kleinen sich nicht als Befehls- und Erziehungsobjekte und lebten das Leben der Älteren mit; auch das bedingte ein Leben in Achtung.

Völker, in denen der alte Mensch als Sinnbild der Reife, der Güte, der Weisheit und Toleranz verehrt wird, neigen weniger zu Neurosenbildung als diejenigen, bei denen solche Vorbilder ausgestorben sind.

Im fernen Osten herrscht vielerorts noch der Ahnenkult; was ist natürlicher, als daß die Menschen sich eins wissen mit jenen, die sie von Generation zu Generation gezeugt haben. So werden selbstverständlich die Alten als die lebenden Zeugen der Ahnen verehrt. In Indien sind es die Yogis, die als Meister der Weisheit die Liebe und Achtung des Volkes genießen. Und was wäre das alte Rußland ohne seine Starzen (Starez heißt „der Alte"), Einsiedler und Mönche, die ein so hohes Maß an Güte und Weisheit und solch eine Kraft des Gebets in sich erzeugt hatten, daß Ströme von Menschen aller Klassen zu ihnen pilgerten, um sie anzuschauen und ihren Segen zu empfangen. Fast alle großen russischen Schriftsteller beschrieben solche Begegnungen, die ihnen zuteilwurden.

Es gibt eine schöne kleine Geschichte von einem alten Chinesen aus unlängst vergangenen Tagen. Auf seinem Wege begegnete er einem jungen Mädchen. Er blieb stehen, verbeugte sich vor ihm und fragte es: „Wie alt bist du, mein Kind?" — Das Mädchen errötete und sagte: „Dreizehn." — „Es ist ein schönes Alter und du magst in der Unbekümmertheit deiner Jugend fröhlich sein, aber oh, wie schön wird es erst sein, wenn du alt wirst!"

Ein andermal sah er eine Frau, die auf einer Bank saß und ihr Kind nährte. Er setzte sich zu ihr und sagte der Frau einige Freundlichkeiten über ihre Anmut und die Schönheit des Kindes. Dann fragte er sie, wie alt sie sei. Sie antwortete bescheiden: „Fünfundzwanzig, Meister." — „Oh, du stehst in der Blüte deiner Jahre, und welch ein Glück ist es, Nachkommen großzuziehen und sie wachsen und gedeihen zu sehen. Aber sei nicht traurig, es sind nur noch ebenso viele Jahre, und weiße Blüten werden auf deine Haare fallen, und du wirst die Reife des Alters und viele Ehren erfahren."

Dann aber traf er eine alte, weißhaarige Frau. Er lächelte und verbeugte sich tief vor ihr. „Ist es nicht eine schöne Zeit, da die Unruhe des Herzens einer tiefen Beglückung und Beruhigung gewichen ist, da die Jungen auf deinen weisen Rat hören und du auf viele Kinder und Kindeskinder mit Wohlgefallen schaust? Ich beglückwünsche dich zu deinem Alter!"

Klingt eine solche Geschichte nicht wie ein Märchen? Gibt es noch solche Gesinnungen? Es wäre gut, wenn es sie gäbe, und es gibt sie noch: jene alten Menschen, die es gelernt haben, auf dem Lebenspfad sich selbst hinter sich zu lassen, die den Sinn des Alterns begriffen haben: im Abstreifen des Geltungsdrangs, des Neids, der Mißgunst, des Mißtrauens, der Klatschsucht, des Eigensinns, der Rechthaberei; die Egoismus und Besitzsucht überwunden haben: sie sind gütig und weise, hilfreich und tolerant geworden. Und Jung und Alt spürt die Kraft ihrer Weisheit und Gelassenheit, und man kommt gerne zu ihnen, fühlt sich in ihrer Gegenwart behütet und verstanden, und man liebt sie. Es gibt sie auch bei uns, und sie sind es, in denen das vertraute und beseligende Bild des Alten wieder lebendig wird.

Die Chinesen haben eine andere Psychologie oder Typenlehre als wir. Sie unterscheiden den Menschen nicht nach seinen Temperamenten wie der Grieche, oder nach Körperbau und Charakter wie Kretschmer, oder nach den Verhaltungsweisen, des nach außen oder nach innen Gekehrten, wie C. G. Jung.

Die Typenlehre der Chinesen dagegen ist vertikal. Sie nehmen die drei Stufen der Entwicklung des Menschen zum Vorbild. Sie nennen sie: „der schwache Mensch — der begabte Mensch — und der weise Mensch". Die erste entspricht dem Kind, die zweite dem Erwachsenen und die dritte dem alten Menschen. Natürlich kann ein schwacher Mensch sein ganzes Leben schwach bleiben, und ein begabter das Stadium der Begabtheit nicht zur Weisheit entwickeln, und es kann schon ein junger oder erwachsener Mensch einen hohen Grad an Weisheit erlangen. Aber diese Stufen, die in der Weisheit gipfeln, sind im Bewußtsein der Menschen da, und weil sie als Vorbilder vorhanden sind, lebt man auf sie hin.

WANN BEGINNEN WIR ZU ALTERN?

Unser Leben ist ein Übergang von einem Tag in den anderen. Jeder Augenblick wird schnell Vergangenheit, und jede Zukunft, die wir oft ersehnen und die uns ebensooft enttäuscht, weil wir die Erfüllung zu vieler unangepaßter Wünsche von ihr erwarten, ist, ach, so schnell vorbei. Glücklich der Mensch, der es früh lernt, die Gegenwart, die allein zählt, recht zu genießen und sich an ihr zu erfreuen. Er allein hat etwas vom Leben. Wer in der Gegenwart zu leben gelernt hat, wird wohl kaum gewahr, daß er altert. Jeder gegenwärtige Zustand ist für ihn der derzeitig angemessene. Manchmal findet er beim Blick in den Spiegel, daß seine Haare silbern werden, oder daß einige tiefere Fältchen um die Augen oder den Mund sich gebildet haben, oder daß an beiden Seiten des Kinns kleine Ecken entstehen. Auch bedarf er gelegentlich einiger technischer Hilfsmittel — mit über vierzig einer Lesebrille, und vielleicht schon früher der künstlichen Zähne, oder gar eines unauffälligen Hörapparats. An den Füßen sind es die Einlagen und am Rücken ein Stützkorsett. Aber ist der Mensch darum schon alt? Dieser Hilfen bedürfen viele Menschen in den besten Jahren.

Gibt es sichere Kriterien des Alterns? Ja und nein. Es gibt im Körper natürliche biologische Abbauerscheinungen, die aber ihrerseits durchaus noch nicht als Altern gedeutet zu werden brauchen. Wir stehen in einem stetigen Übergang. Das Kind in seiner

Wachstumsphase verändert sich am schnellsten. Aber in dieser Zeit beginnen schon einige Organe zu verkümmern, so die Thymusdrüse und die in der Mitte des Gehirns liegende Epiphyse. Im siebten Lebensjahr verlieren wir die ersten Zähne.

In der Pubertätszeit stehen wir in einer Sturm- und Drangperiode, die Entwicklung zum Mann oder zur Frau vollzieht sich, die Geschlechtsdrüsen werden reif. Der Mensch wird leiblich und seelisch ein anderer. Er weiß mit sich selbst nichts Rechtes anzufangen, er leidet und verursacht seinen Mitmenschen Leid. Er hat noch kein Maß. Die Unruhe des Herzens treibt ihn in den Protest gegen die Familie, die Gesellschaft, die alten Traditionen. Dieser pathologische Zustand dauert eine Weile, einige Jahre. Und allmählich, mit der Harmonisierung des Zusammenspiels der Person und der Drüsen, legt er die überschießenden Reaktionen ab, und aus dem Revoluzzer wird ein geordneter Bürger, der diese selbst erlebten Zustände so weit vergißt oder verdrängt, daß er entsetzt und ratlos vor seinen eigenen Kindern steht, wenn diese in die gleiche Phase kommen.

Kurz ist die Periode der biologischen Reife, sie währt zwanzig bis dreißig Jahre. In der Mitte der Vierzig stellen sich wieder Veränderungen ein. Die Frauen, und etwas unmerklicher die Männer, kommen in die Wechseljahre, sie gehen wieder mit einer Veränderung des Habitus und mit vegetativen Störungen einher.

Es ist ein deutliches Signal, daß die erste und zweite Jugend vorüber sind und daß man an der

Schwelle zu einem neuen Zustand steht. Die Linse des Auges vermag sich nicht mehr, wie sie es bisher tat, zu erweitern und zu verengen. Wir bedürfen einer Brille zum Lesen. Die Bandscheiben verkümmern und bereiten uns mannigfaltige Beschwerden. Und dennoch sind wir noch voll leistungsfähig.

Ganz allmählich beginnen unsere Gefäße, die den Organismus mit Sauerstoff versorgen, zu verhärten und einen Teil ihrer Elastizität zu verlieren. Wenn das Gehirn davon betroffen wird, bedeutet das eine Verlangsamung der Reaktionen, eine gewisse Leistungseinbuße, aber noch keine Krankheit. Mit diesen natürlichen Abbauvorgängen läßt sich noch gut leben.

Es gibt schicksalhafte Krankheiten, die den Betroffenen für eine Weile oder für dauernd ans Bett oder an den Rollstuhl fesseln. Aber auch bei solchen Zuständen kann ein Mensch über sich und seinen Zustand hinauswachsen und sich großartig bewähren, so daß er zum leuchtenden Beispiel für andere wird.

Viele der unliebsamen Zustände führen wir selbst allein durch unsere Schuld und unser Fehlverhalten herbei. Es gibt unzählige schädliche Gewohnheiten, die die Gesundheit untergraben. Um nur einige zu nennen: das Rauchen. Ich bin nicht sicher, ob es ein Genuß ist, sicherlich ist es eine Gewohnheit und eine Sucht. Es fängt ja damit an, daß die Jugendlichen aus reiner Großmannssucht und aus Nachahmungstrieb anfangen zu rauchen. Es ist eine Angabe. Ich weiß noch, wie stolz ich war und wie erwachsen ich kleiner Knirps mir mit vierzehn Jahren vorkam, als ich anfing zu rauchen. Ich übte es vor dem Spiegel, legte mein jugendliches Gesicht in bedeutsame Falten, gewöhnte mir eine besondere Handhaltung an. Ich kam mir großartig vor. Nur die Großen lachten, und ich war beleidigt. So fängt es an, und nach einer Weile ist man im Banne dieses Giftes und kann sich kaum noch davon befreien. Das gleiche gilt für den Alkohol. Ein übermäßiger und ständiger Genuß führt zu chronischen Lebererkrankungen, zu Gefäßveränderungen ähnlich wie durch das Nikotin, zu Delirium, und fast immer zu unliebsamen Charakterveränderungen. Jeder, der Trinkern begegnet ist, weiß, welch einen Schaden die Gesellschaft durch sie erleidet.

Eine andere Sucht ist die Eßsucht. Unsere Zunge und unser Gaumen sind sehr anspruchsvolle Organe, und die Zunge möchte mehr haben, als der Magen braucht. So kommt es in einem Wohlfahrtsstaat dazu, daß wir viel mehr konsumieren, als wir nötig haben. Das macht sich an unserem Gesicht und den Konturen bemerkbar. Wir werden dick, unförmig dick. Mit stiller Sehnsucht betrachten wir die Tiere in der Natur, wie schön und schlank und geschmeidig sind sie! Auf manchen Gesellschaften von Erwachsenen hört man nichts als Gespräche über Kalorien, über Abmagerungskuren und Diät. Wohlgemerkt, man spricht viel davon, aber man praktiziert es nicht.

Das arme Herz und das Gefäßsystem, deren Muskulatur nicht mit der Körperfülle Schritt halten und die mit einer Fettschicht überzogen werden, müssen den übergewichtigen Leib mit Sauerstoff versorgen. Kein Wunder, daß das Herz bei dieser Arbeit frühzeitig versagt.

Aber ebenso schlimm erweisen sich die Schäden aus dem seelischen und dem Verhaltensbereich. Durch fehlerhafte Schlafwach-Regulation, durch unregelmäßiges Leben, durch allzuhohe Arbeitsanforderungen und durch Erregungen wird der Organismus weitgehend geschädigt. Bei allen Erregungen: Ungeduld, Angstzuständen kommt es zu Adrenalinausschüttungen aus der Nebenniere, welche Gefäßverengungen bedingen. Spielen sich solche Reize gehäuft und längere Zeit hindurch ab, kann es zu hohem Blutdruck, zu Verengungen der Gefäße kommen, oder es entstehen Magengeschwüre oder Herzgefäßverkrampfungen. Jegliches Mißvergnügen, Ärger, Haß, Neid, Mißgunst, Mißtrauen, Ehrgeiz, Erregtheit, Jähzorn haben solche Veränderungen im Gefolge und bedingen einen frühzeitigen Verbrauch der Organe. Hier aber, wie auch bei Mißbrauch von Alkohol, Nikotin und Essen, ist der Mensch allein schuld an seinem verfrühten Alterungsprozeß.

Der heitere, gut gelaunte, freundliche, tolerante, gelassene Mensch ist, weil er so gestimmt ist, oder besser gesagt, sich so gestimmt hat, ein gesunder Mensch. Er ist es auch im hohen Alter. Wir können zwar sein Alter innerhalb einer Spanne von zwanzig Jahren erraten, aber wir müssen zugeben, wir würden ihn nie als alt bezeichnen, wir würden immer über seine echte und würdige Jugendlichkeit staunen und nach seinem Geheimnis fragen. Er hat kein Geheimnis, er steht in Harmonie mit Gott und den Menschen und mit sich selbst.

Der Mensch ist ein Gewohnheitstier. Die meisten

Verhaltensweisen hat er von seiner Umgebung, von seiner Rasse, von seinen Vorfahren, von den Denk- und Verhaltensklischees seiner Gesellschaft übernommen. Oft sind sie in der Kindheit bereits so fixiert, daß er unverrückbar im Rahmen der Klischees verharrt und nicht gewillt ist, etwas Neues zu akzeptieren. Das gilt für fast alle Gewohnheiten. Wie ablehnend verhalten wir uns schon gegenüber fremden Speisen; das gilt aber auch für alles Fremde, die Religion, die Partei, die Sprache, die Gebräuche, die Körperfarbe. Alles Fremde ist verdächtig und riecht nicht gut.

Ich erlebte es sehr deutlich als Schiffsarzt in Afrika. Es war in den dreißiger Jahren unseres Jahrhunderts. Die weißen Damen auf meinem Schiff behaupteten, daß die schwarzen Damen, die auf Zwischendeck als Passagiere mitfuhren, scheußlich röchen. Ich konnte diese Meinung nicht teilen; ich sah, daß diese sich morgens und abends sorgfältig wuschen und sich sauber kleideten, und ich mochte sie gern. Eines Tages verirrten sich einige Negerinnen auf das Deck erster Klasse, auf dem die weißen Damen ihre Siesta hielten. Es gab eine heillose Aufregung, die weißen Damen sprangen empört auf und verjagten die dunklen Genossinnen. Aber die schwarzen Damen waren nicht weniger entsetzt, sie hielten sich die Nasen zu, weil sie offenbar den Geruch der Weißen nicht zu ertragen vermochten. Ich habe selten so schadenfroh gelacht.

Eines der charakteristischen Zeichen des alten Menschen ist, daß er — was er keinesfalls sollte — starr wird in seinen Ansichten und nicht von vorgefaßten

Meinungsklischees abläßt. Er verurteilt die schlechte Jugend, die schlechten modernen Sitten, die blödsinnige moderne Kunst, die frivolen Moden, und er vergißt, daß zu der Zeit, als er jung war, die Alten seiner Zeit — ich meine jetzt nicht die guten Alten, sondern die versteinerten Alten, wie sie nicht sein sollten — genau so dachten, reagierten und schimpften wie er jetzt. Natürlich soll jeder Mensch seinem Alter entsprechend sich benehmen. Ein zigarettenrauchendes Kind ist ein abscheulicher Anblick, aber ebenso abstoßend ist ein alter Mensch, der sich kleidet oder benimmt wie ein Teenager. Man soll vielmehr offen und lebendig durchs Leben gehen und begreifen, daß die Jüngeren das Recht haben, nach eigenen Lebensformen zu suchen und sie zu gestalten. Wenn also heute das Zusammenleben der Menschen ein anderes ist, und ebenso die Literatur und das Theater, der Tanz und die Kunst, dann ist es grotesk, alles in Bausch und Bogen als schlecht, degeneriert oder gar verbrecherisch zu erklären, nur weil wir in den Gewohnheiten und Gesinnungen unserer frühen Jahre erstarrt sind.

Im Grunde will kein Mensch alt sein, man betrachtet dies als Herabsetzung. Der junge alte Mensch ist ja auch nicht alt. Wenn ich also von gesetzten Menschen kategorisch abfällige Bemerkungen über moderne Erscheinungsformen höre, dann sage ich ihnen: „Man merkt, daß Sie alt werden." — Das will keiner hören. — „Wieso finden Sie, daß ich alt werde, wirke ich so?" — „Ja, Sie haben nicht mehr die Fähigkeit, sich in neue Situationen einzufühlen und hineinzudenken, Sie lassen nur das gelten, was Sie bejahen. Das ist das erste Zeichen von Erstarrung im Alter!“

Wenn wir in rechter Weise in das Altwerden hineinwachsen, so wie es sich gehört, dann nehmen wir manche Veränderungen und Beschwerden geduldig und gelassen hin; aber wir bleiben offen, mutig und freundlich dem Leben und den Menschen gegenüber, und dann haben wir, ob wir reich sind oder arm, gesund oder krank, einen herrlichen Herbst des Lebens, von allen geliebt, geehrt und begehrt.

SCHÖNHEIT DES ALTERS

Das Alter ist nicht nur, wie man uns glauben machen will, eine Bürde. Rechtes Alter kann schön und harmonisch sein. Wenn ich auf den Straßen gehe, beobachte ich die Menschen, und es fällt mir auf, wieviele schöne alte Menschen es gibt. Vielleicht liegt es auch daran, daß sehr viele Jugendliche heute, dem Drang der Mode gehorchend, sich so weit als möglich von einem überkommenen Schönheitsideal entfernen und absichtlich versuchen, Ähnlichkeiten mit Urwaldbewohnern herzustellen. Glücklicherweise werden die Alten von diesem Sog nicht erfaßt.

Was macht einen Menschen schön? Gibt es da eine Norm? Ein gut gewachsener junger Mensch ist leiblich zweifellos schön, eine Augenweide und vielleicht auch ein Sex-Appeal. Aber zu dieser Schönheit sollte gehören, daß auch sein Antlitz, seine Haltung, sein Gang, seine Gebärden und seine Bewegungen harmonisch sind. Wie vielen „schönen“ jungen Damen begegnet man, die ein Ideal, meist eine berühmte Schauspielerin oder ein Modemodell nachahmen. Schaut man dann aber in ihre Augen, so findet man eine bemalte, leere, hübsche Maske, und man wendet sich enttäuscht ab.

Dagegen gibt es viele alte und ältere Menschen, die in ihrer Jugend durchaus nicht dem gängigen Schönheitsideal entsprachen, aber durch zunehmende Reife und Gelassenheit immer schöner wurden. Wie oft finden wir einen älteren Menschen schön. Nun zeigt er uns voller Stolz Bilder aus seiner Jugend. Wir vergleichen und erkennen, daß das gegenwärtige Antlitz viel mehr Inhalt, Fülle und Reife aufweist als das Jugendbildnis, und es wird uns bewußt, daß Schönheit unabhängig ist vom Alter, und daß sie zu wachsen vermag.

Echte Schönheit strahlt nicht von der Haut aus, sie kommt aus der Tiefe, sie ist etwas Seelisch-Geistiges. Der Dichter Franz Werfel prägte das Wort: „Lächeln ist keine Falte, Lächeln ist Wesen vom Licht!" — Das ist es: im Lächeln wird das häßlichste Gesicht schön und wunderbar, es wird vergeistigt. Das Beste, was der Mensch einem anderen schenken kann, ist ein Lächeln; es sprengt das Visier der aufgesetzten Maske, es läßt den Menschen mit seinem warmen, pulsierenden Herzen erscheinen. Das Lächeln ist eine Brücke, die von einem zum anderen geschlagen wird, eine Brücke vom Ich zum Du.

Die Wirkung des Lächelns wurde mir bei einer Gelegenheit recht klar. Ich stand mit meinem Wagen an einer Straßenkreuzung. Als die grüne Ampel aufleuchtete, fuhr ich los. Im gleichen Moment setzte sich eine kleine, alte, verhutzelte Frau in Bewegung, weil ihr offenbar das rote Licht für den Übergang geeigneter erschien. Ich brachte den Wagen zum Stehen und drohte ihr mit dem Finger. Ich war sehr böse, sie gefährdete ihr Leben und das der anderen, denn leicht hätte ein anderer Wagen auf den meinen auffahren können. Aber da huschte ein schuldiges, verlegenes Lächeln über ihr Gesicht, und das unscheinbare, eigentlich häßliche Gesicht wurde schön.

Meine Wut verflog, und ich lächelte sie an. Den ganzen Tag stand ich unter dem Eindruck einer solch plötzlichen Verwandlung: daß im Bruchteil einer Sekunde jemand von innen her so leuchtend und schön werden kann. Dieses Erlebnis demonstrierte mir deutlich, daß Schönheit etwas Unfaßbares, Flüchtiges sein kann und daß sie nicht gebunden ist an Normen.

Seitdem ich das weiß, beobachte ich gerne die Menschen, besonders die alten, und suche nach Spuren der Schönheit in ihnen. Ich habe inzwischen gelernt, daß es etwas Inwendiges ist.

Eines Tages wurde ich zu einem Vortrag der Lady Luia Forbes, der Witwe des englischen Botschafters in Peru, über die Geschichte dieses Landes und über die archäologischen Entdeckungen eingeladen. Wie entsetzt war ich, als eine unbeschreiblich dicke Frau das Podium betrat. Sie sah einfach grotesk aus in ihrem eleganten Kleid, mit ordengeschmückter Brust und einem komischen Hut mit einer wehenden Pleureuse. Ich war so böse, daß ich meiner Gastgeberin, die neben mir saß, bittere Vorwürfe machte, daß sie mich hierzu eingeladen habe. Sie war darüber traurig und verlegen. Aber dann begann die unförmige Frau zu sprechen, und in wenigen Minuten war das Auditorium mäuschenstill. Man lauschte ihren Berichten zwei Stunden lang, ohne zu ermüden. Alle groteske Häßlichkeit war von ihr abgefallen. Wir sind bald danach gute Freunde geworden; sie kam oft in mein kleines Landhaus in Schulzendorf, und nie wieder nahm ich Anstoß an ihrer Gestalt oder Kleidung.

Glücklicherweise hatte sie die Gabe, über sich selbst zu lachen.

Ein anderes geliebtes Antlitz steht immer gegenwärtig vor meinen geistigen Augen: es ist die Fürstin Anna Donnersmarck. Sie starb im neunundsiebzigsten Lebensjahr. Ich hatte Bilder von ihrer Hochzeit gesehen, sie war eine schöne Frau. Das Alter hatte sie kleiner gemacht. Ihr Gesicht war von unzähligen Runzeln gezeichnet. Sie trug der bayrischen Sitte gemäß ein graues Trachtenkostüm. Alle liebten sie wegen ihrer Bescheidenheit, Güte und Stille. Ich konnte mich an diesem Gesicht nie sattsehen. Es war durch Leid, Reife, Gelassenheit und Weisheit in einer besonderen Weise vergeistigt und verschönt, es war gewachsen wie ein alter Baum mit den Runzeln seiner Rinde. Wie reich wird man, wenn man durch solche Begegnungen beschenkt wird! Wie glücklich sind die Kinder und Kindeskinder, die Freunde und Nachbarn, die im Anblick eines so tröstlichen Vorbildes leben dürfen!

Ein älterer Mensch, der da glaubt, er müsse jugendlich erscheinen, und sich unangemessen kleidet, anmalt, frisiert und benimmt, wirkt nur lächerlich und absurd. Er ist der Einzige, der an diese Maskerade glaubt. Im Grunde ist er ein Hochstapler und Betrüger, denn er will sich selbst und anderen etwas vormachen, was nicht ist. Das soll nicht bedeuten, daß der ältere Mensch sich nicht pflegen und schön machen sollte. Natürlich soll er es, aber im Rahmen seiner Würde. Er soll sich freuen, wenn sein Geist ihn jung erhalten hat und er jünger aussieht, als es seinen Jahren entspricht. Das hat natürliche Ursachen. Unnatürlich sind aber geckenhafte alte Männer oder Frauen, sie setzen die Würde des Alters dem Spott und der Verachtung aus.

Es ist uns nicht gegeben, die Schönheit des eigenen Antlitzes zu sehen. Wenn wir uns im Spiegel betrachten, sehen wir etwas ganz anderes. Wir haben ein vorgefaßtes Bild von uns selbst, irgendein Bild aus unseren jungen Tagen, von dem wir glauben, daß es schön sei. Aus dem Spiegel aber schaut uns ein runzliges Gesicht an, wir finden darin ungezählte Fehler und Häßlichkeiten. Was wir dort sehen, ist nur die Maske, dazu noch eine typische Spiegelmaske; jeder von uns macht ein Spiegelgesicht. Aber wenn wir dann mit unseren Enkeln spielen, die uns lieben, oder mit einem Hund oder einer Katze, die nur uns lieben, für die wir das schönste und kostbarste Wesen auf der Welt sind, oder wenn wir uns freuen oder anderen Freude bereiten, oder mit Freunden und Bekannten in ein gutes Gespräch vertieft sind, dann werden wir schön; der lebendige, der immer junge Geist strahlt durch die runzlige Maske des Gesichts, und es beginnt zu leuchten. Alle können es sehen, nur wir selbst nicht. Wir nehmen jedoch diese wunderbare Verwandlung an den anderen wahr.

VOM PROZESS DES REIFENS

Wir nehmen diesen Begriff aus der Pflanzenwelt. Bäume und Sträucher bekleiden sich im Frühjahr mit Knospen und Blättern. Wie entzückt sind wir, diese Vorgänge der Auferstehung nach der skeletthaften Starre des Winters zu erleben. Wir beobachten die kunstvoll zusammengerollte Knospe, wie sie sich allmählich zum Blatt entwickelt, besser gesagt, auseinanderwickelt. Über kurz oder lang sind es die sprossenden Blütenknospen, die sich zu den farben- und formenprächtigsten Blumen gestalten. Gibt es einen größeren Beweis für die Existenz des Schöpfergeistes als diese fast immaterielle Schönheit, die Zartheit der Blütenblätter und ihren Duft? Und von diesen Abertausenden von Blüten hat jede ihre eigene Farbe, ihre Form und ihren Duft. Keine menschliche Phantasie ist fähig, diesen Reichtum zu fassen.

Doch all diese komplizierten Vorgänge des Wachstums, diese Verschwendung von Pracht und Üppigkeit mündet in der Reifung der Frucht, die der Keimträger neuer Pflanzen ist und die Unsterblichkeit der Gattung sichert. Die Frucht dient jedoch nicht nur der Fortpflanzung, sie ist zugleich Nahrung für Mensch und Tier und Nahrung für die Erde. Alle wichtigen Lebensstoffe sind in der Frucht konzentriert, der Saft und die Süße, der Duft, die Mineralien, die Vitamine und die Eiweiße, Kohlehydrate und Fette.

Die Pflanze lebt nicht für sich allein, so wie kein Lebewesen dieser Erde für sich allein zu leben vermag. Bienen und Schmetterlinge trinken den Nektar ihrer Blüten. Vögel und Insekten nisten in ihrem Gezweig. Sie bietet Schatten den Menschen und Tieren. Bienen und andere Insekten besorgen die Befruchtung der Blüten. Spechte picken Larven von Käfern aus ihrer Rinde. Und der Mensch hat es gelernt, die Pflanzen zu veredeln, ihre Blüten und Früchte noch schöner, reicher, größer zu gestalten. Er pflegt sie durch rechtes Gießen und Beschneiden, Okulieren und Befreien von Schädlingen. Und sie dankt ihm für diese sorgende Liebe mit reicher Frucht.

Wir können den Begriff der Reife auf den Menschen übertragen. Seine psychobiologischen Wachstums- und Entwicklungsphasen sind uns bekannt. Mit der allmählichen Ausreifung seiner Gehirnzellen, die bei der Geburt im Gegensatz zu den meisten Tieren noch nicht ausgereift sind, wird das Kind in der Lage sein, sich aufzurichten, Gegenstände zu greifen, zu gehen, zu sprechen. Es dauert fast zwei Jahrzehnte, bis der heranwachsende Mensch vollverantwortlich in das sehr komplizierte Gefüge der modernen Gesellschaft hineinwächst. Zunächst ist er, seinem Alter entsprechend, reif, um in die Schule zu gehen; er lernt, das Unrechte seiner Handlungen einzusehen. Trotz bester und umsichtigster Erziehung durch seine Eltern ist er noch nicht ganz in der Lage, seine Triebe und Affekte, seine Traurigkeit, seinen Zorn, seinen Neid und Geltungsdrang und auch seine sexuellen und erotischen Neigungen im rechten Masse so zu zügeln, daß sie weder andere noch ihn selbst schädigen. Viele Menschen, die das nicht gelernt haben, weil ihnen das Beispiel oder die Anleitung fehlte, bleiben ihr ganzes Leben unreif, sie entsprechen dem Bild des „schwachen Menschen" der chinesischen Typologie.

Wie wird man denn reif? Reife ist ein geistiger Prozeß, ein Prozeß der allmählich fortschreitenden Verfeinerung. Sie ist nur durch das Bewußtsein zu erreichen. Sie wächst langsam in uns, aber sie bedarf einer täglichen Pflege und Korrektur. Von unserer triebhaften Natur her sind wir selbstbezogen, unduldsam, jähzornig, ungeduldig, neidisch, mißgünstig, schadenfroh, mißtrauisch, launisch. Diese Eigenschaften führen uns in die Isolation. Zwar möchten wir von Menschen geachtet, geliebt, bewundert werden, aber wir vergessen, das Gleiche den anderen gegenüber zu tun. Irgendwo in einer verborgenen Ecke unseres Herzens steht das Bild des heiteren, liebenden, freundlichen, toleranten, hilfsbereiten, geduldigen, gütigen Menschen. Aber viele von uns lassen dieses Bild in sich verstauben. Sie sind nicht bereit, mühsam und unentwegt an sich selbst zu arbeiten; sie erwarten alles vom Leben, vom Schicksal, vom lieben Gott, von den Menschen. Und dann werden sie gründlich enttäuscht und verhärtet, sie umgeben sich mit einer Maske und einem Panzer. Ihre Seele gleicht einem Igel mit gesträubten Stacheln.

Der Mensch, der ein inneres Bild von der Reife in sich trägt, vergleicht sich selbst mit diesem Bild und weiß in jedem Augenblick, wie weit er noch davon entfernt ist. Er müht sich, alle Fehlhandlungen, die kleinen und die großen, wieder gutzumachen. Er verfällt zwar immer wieder in die gleichen Fehler, aber allmählich werden sie seltener und verschwinden ganz aus seinem Charakter. Martin Buber berichtet in seinen „Chassidischen Büchern“, daß Schüler ihren Rabbi fragten, wann einem die Sünden verziehen würden. Der Rabbi dachte lange nach, dann sagte er: „Wohl, wenn wir die Sünde nicht wieder tun. Das heißt, wir fallen wieder in die Sünde hinein, aber wir bereuen und beten um Vergebung, und allmählich fällt die Versuchung zu der Sünde von uns ab.“

Sinn hat dieser Prozeß nur, wenn er in Gelassenheit vollzogen wird. Jede Pedanterie, jede erzwungene Haltung, jeder Krampf führt nur zu Verhärtung, Pharisäertum und Selbstgerechtigkeit: seht, welch großartiger Mensch ich bin! — Ohne tierischen Ernst und Selbstquälerei, mit leichtem Humor und mit Vertrauen auf die Güte Gottes geht das Reifen vor sich. In solcher täglichen Übung wird der Mensch weit und gütig, horchend und liebend. Echtes Reifsein ist wie das Tun eines geübten Künstlers oder Handwerkers; es sieht so aus, als ob jede Bewegung, jeder Griff spielend und mit Leichtigkeit geschähe, und doch wissen wir, welcher Anstrengungen es bedurfte, diese Kunst zu erlernen; aber wenn man sie erst beherrscht, dann ist die ganze Person an jedem Handgriff beteiligt.

Die Vorstellung vom Menschen gründet sich auf das Wissen um seine Entwicklungs- und Reifungsstufen. Niemandem wird es einfallen, Reife von einem Kind zu verlangen, und wenn es Merkmale einer verfrühten Reife zeigt, dann sprechen wir abwertend von „Frühreife“, es ist eine Attrappe von Reife.

Von einem erwachsenen Menschen erwarten wir, daß er einen gewissen Grad von Reife durch Leben und Erfahrung und nicht zuletzt durch Arbeit an sich selbst erlangt hat. Unreife Menschen sind keine guten Lebenspartner, sie bleiben an der Peripherie des Lebens haften.

Von jeher jedoch ist der Begriff des Alters mit dem der Reife verbunden. Das ist wirklich Gottes Auftrag für den Menschen. Wenn er es verpaßt, im Prozeß des Alterns zu reifen, dann hat er zugleich sein Lebensziel verfehlt. Er wird hart, unduldsam, egoistisch, eigensinnig, zänkisch, mißtrauisch und manövriert sich selbst aus der Gemeinschaft der anderen Menschen, der Familie hinaus. Niemand mag seine Klagen und Anklagen, seine Besserwisserei, sein sich In-den-Vordergrund-Schieben, seine Vorwürfe hören. Er vereinsamt vollkommen und beschuldigt die Welt der Schlechtigkeit, statt bei sich selbst die Ursache zu suchen.

Es gibt kein Rezept, wie man reifen soll, jeder hat seinen individuellen Weg dazu. Man meditiere etwa über das Bild der Pflanze in all ihren Phasen und zuletzt über die Reife der Frucht. Wenn sie erst die rechte Reife erlangt hat, dann fällt sie vom Baum oder sie wird behutsam gepflückt. Sie ist nun nicht mehr Bestandteil des Baumes, sie ist ein eigenes Wesen, sei es daß sie in die Erde zurückfällt und sich das Stirb und Werde an ihr vollzieht, daß sie vergeht und der Same aufgeht und sich zu einer neuen Pflanze entwickelt, oder daß sie von Mensch oder Tier verspeist wird und der Erhaltung anderer dient.

In jedem Fall geht es hier um das Loslassen, um das Sich-Fallen-Lassen, alles Gewohnte Hinter-sich-Lassen, und um das Aufgeben alles dessen, was bisher zur Reifung geführt hat. Der Sinn aber ist, sich hinzugeben an andere, ohne Schmerz, ohne Rückblick und Bedauern, ohne Bedürfnis nach Selbsterhaltung. Wenn man diesen Auftrag begreift und ihn in sich zur Wirklichkeit werden läßt, dann erlebt man die ganze Größe und Wonne des „Sich-selbst-hinter-sich-Lassens", wie Buddha es ausdrückt. In diesem Abstand zu sich selbst findet man erst recht zu seinem größeren Selbst. In der Kabbala gibt es ein Bild vom Weg des Menschen — vom alten sündhaften Adam zu Adam Kadmon, zu dem Menschen, der zu Gott wieder hingefunden hat. Die Inder nennen diese Stufe des geistigen Menschen „Purusha". Und wenn wir den großen Philosophen und Paläontologen unserer Gegenwart, den Jesuitenpater Pierre Teilhard de Chardin, recht verstehen, so sieht er über Jahrmillionen hinweg die Entwicklung des Menschengeschlechts und des einzelnen Menschen vom Tier zum Engel. Reife bedeutet, den keimhaft in unserem Wesen eingeschlossenen Engel zur vollen Entfaltung zu bringen.

HEILIGUNG DES TUNS

Der Begriff des Heiligen und der Heiligung ist fadenscheinig geworden in unserer säkularisierten Welt. Die Menschen begreifen seinen Sinn nicht, weil in ihrem Bewußtsein nichts ihm Entsprechendes vorhanden ist. Und doch gehört die Heiligung zum Urgrund unseres Verhaltens und Tuns. Wir tun immerfort etwas; wir gehen zur Schule und lernen; wir arbeiten, um unseren Lebensunterhalt zu erwerben; wir fahren zum Vergnügen und zur Erholung in nahe oder ferne Länder, und wir suchen uns eine Beschäftigung in den Mußestunden, um etwas Schöpferisches zu gestalten. In jedem Beruf gibt es uns erfüllende Dinge und solche, die wir nur widerwillig tun, weil sie uns langweilen oder unserem ästhetischen Sinn widersprechen. Die Dinge, die wir gerne tun, gelingen uns gut; die uns widerwärtigen Dinge entziehen sich uns, erzeugen Unlust in uns und werden so fehlerhaft ausgeführt.

Der gewissenhafte Mensch wird sich jedem Arbeitsvorgang sorgfältig widmen, ob es sich um die berufliche Arbeit oder um ein geliebtes Hobby handelt. Um den Begriff der Heiligung der Arbeit zu erläutern, möchte ich solche Arbeiten als Beispiele anführen, bei denen der Mensch total, mit seinem ganzen Wesen beteiligt ist.

Stellen wir uns eine Mutter vor, die ihr Baby besorgt, die es säubert und wickelt. Sicherlich gehört es nicht zum auserlesenen Genuß, stinkende Windeln zu wechseln. Aber welche Mutter ekelt sich davor? Mit welch heiligem Ernst bereitet sie den Brei oder die Milch; wie sorgt sie, daß die Speise nicht zu heiß oder zu kalt sei. Jeder Handgriff ist von unerhörter Wichtigkeit und Würde.

Und eine Mutter, die den Haushalt besorgt, fegt, putzt, Abfälle wegschafft und schmutzige Wäsche wäscht, sie arbeitet im Schmutz. Denkt sie aber dabei an den Schmutz? Nein, sie denkt, wie schön sauber und glänzend die Behausung sein wird und wieviel Freude der Mann und die Kinder an dem gemütlichen Heim haben werden. Denkt sie daran, daß ihre Arbeit je bezahlt wird, oder daß eines der Familienmitglieder sie lobt und ihr für ihr unermüdliches Tun „danke schön" sagt? Vielleicht geschieht es zweimal im Jahr, an ihrem Geburtstag und am Muttertag. Jahraus, jahrein bis ins höchste Alter heiligt sie ihre Arbeit.

Und wenn sie für die Ihren das Essen kocht, welch eine Kunst ist es, es bekömmlich und schmackhaft zu machen; und es schmeckt jeden Tag anders im Unterschied zum Einheitsessen in Restaurants und Kantinen.

Martin Buber erzählt in seinen „Chassidischen Büchern" von einem Rabbi, der bei einer sehr armen Frau einkehrte und um Essen bat. Sie hatte nichts im Hause als etwas Mehl; schamhaft erbot sie sich, ihm eine Mehlsuppe zu kochen. Der Rabbi aß, er bat um einen zweiten und um einen dritten Teller und lobte das köstliche Essen. Die Frau war dankbar. „Wohl, wenn es euch so schmeckt, so muß es vom

Paradies selbst kommen", erwiderte sie, und sie erzählte, daß einst zwei fromme Männer zu ihr gekommen seien und um Speise gebeten hätten. Sie konnte ihnen, wie jetzt, nur eine Mehlsuppe bereiten. Sie habe zu Gott gebetet: „Herr der Welt, ich hab' doch nichts anderes, und du hast alles, so erbarm' dich deiner müden, hungrigen Diener und gib für sie in die Suppe von den Kräutern deines Paradieses!" Nach dem Essen habe einer der Männer gesagt: „Tochter, deine Suppe schmeckt nach dem Paradies" — und nun habe sie heute wieder gebetet.

Wenn manchem von uns seine Arbeit hart ankommt und wir glauben, unter ihrer Last zusammenzubrechen, so wächst uns neuer Mut und neue Kraft, wenn wir an die Unseren zu Hause denken.

Die Soziologen und die Psychologen von heute meinen, die rationalisierte und mechanisierte Arbeit töte den Menschen, wenn er acht Stunden an einem laufenden Band etwas sortieren müsse oder Stempel auf Briefe aufdrücken oder an irgendwelchen selbsttätigen Maschinen Knöpfe bedienen; das sei geisttötend. Einem Menschen ohne Phantasie kann es wohl den Geist töten. Doch was kann es töten, wenn gar kein Geist vorhanden ist! Wenn wir uns vorstellen, wie lebenswichtig jede Arbeit ist, die wir tun, und daß, wenn wir ausfallen, plötzlich eine Lücke in der Versorgung der Menschen entsteht, dann müßte es uns bewußt werden, wie wichtig alles Tun ist.

Kürzlich streikten in London die Müllarbeiter. Die ganze Stadt erstickte in stinkendem Unrat, die Luft war verpestet, es entwickelten sich krankmachende Bakterien,

Insekten und Würmer. Das Leben erstickte in Verwesung und Abfällen.

Es gibt nichts Unwichtiges in unserem komplizierten Arbeitsgefüge. Mein verehrter Kollege und Freund, Doktor Max Edwin Bircher, schrieb mir aus Zürich, daß alle seine Mitarbeiterinnen bei einer Grippeepidemie erkrankt seien. Was konnte er allein als Arzt tun ohne ihre Hilfe? Seine Tätigkeit wurde lahmgelegt. Sicher hat er vorher nicht jeden Tag den Mitarbeiterinnen für ihre Arbeit gedankt; es war selbstverständlich, daß sie ihre Pflicht taten, aber erst das reibungslose Miteinander gab der Tätigkeit des Arztes ihren rechten Sinn.

Alles, was der Mensch aus dem Bewußtsein seiner untrennbaren Zugehörigkeit zum All und zu Gott — was das Gleiche ist — tut, wird durch das Bewußtsein, durch das Hereinnehmen in deren Erlebnisbereich geheiligt und erhöht. Wir pflegen gelegentlich mit Herabsetzung von Routine zu sprechen. Nun, Routine ist alles, was wir erlernt haben und so gut können, daß unsere Hand oder unser Kopf scheinbar ohne innere Beteiligung der ganzen Person es zu tun vermag. Andrerseits aber ist sie ein Zeichen, daß die ganze Person die Arbeit spielend und ohne Widerstände zu vollziehen vermag, daß die Hand sozusagen, weil sie die Meisterschaft errungen hat, von der Person autorisiert wird, die Arbeit zu tun. Wenn wir nun den Begriff der Routine abwerten, so meinen wir doch etwas Richtiges damit, daß nämlich die Person an dem Tun vielleicht gar nicht mehr beteiligt ist, daß sie also wie ein Automat agiert.

In meiner russischen Heimat legte der Mensch sein ganzes Sein und sein Tun in die Obhut Gottes, er wußte, daß ohne diese Hilfe alles Tun ohne Segen blieb. So betete man morgens beim Aufstehen, man dankte für das Frühstück, man bekreuzigte sich, wenn man in die Kalesche oder in den Zug stieg, und man bat um das Gelingen der Arbeit und um die Freude an der Arbeit. Das Gebet war nur kurz. Es hieß: „Erfüller alles Guten bist du, mein Christe, erfülle mit Freude und Heiterkeit meine Seele, du Menschenliebender!" — und man ging beschwingt an die Arbeit.

Martin Buber berichtet von einer Begegnung des Rabbi Baalschem mit einem Strumpfwirker. Es fiel ihm auf, daß der Mann besonders solide Strümpfe zum Kauf anbot und mit sich um den Preis nicht feilschen ließ. Der Rabbi fragte ihn, was er frühmorgens tue, ehe er bete. „Da mache ich auch Strümpfe." — „Und wie hältst du es mit dem Psalmensagen?" — „Die Psalmen, die ich auswendig weiß, sage ich mir bei der Arbeit vor." Als der Strumpfwirker heimgegangen war, sagte der Baalschem zu den Schülern, die ihn umgaben: „Heute habt ihr den Grundstein gesehen, der den Tempel trägt, bis der Erlöser gekommen ist!"

Viele von uns haben im Laufe der wachsenden Säkularisation und der Begeisterung für den Materialismus das Beten und das Sich-in-die-Hand-eines-Größeren-Geben verlernt; aber er ist nichtsdestoweniger da, und wir sind, allein gelassen, recht nichtig. Denn wir können keinen Augenblick ohne das große

Miteinander und Zueinander in der Welt bestehen, und es ist immer der Geist und nicht die Materie, der die Welt regiert. Der Geist, dieser Abglanz Gottes, aber ist nicht materiell!

Viele werden nicht mehr so beten können, wie der Strumpfwirker oder die Frau, die die Mehlsuppe bereitete, und es bedarf auch nicht immer der Worte, weder der gelernten noch der jeweils frei erfundenen; aber eine Besinnung auf die Wichtigkeit und die Gemeinnützigkeit unserer Arbeit und unseres Werkes, wenn wir sie als Auftrag auffassen, das würde unsere Einstellung zum Tun vertiefen und es erfüllend und freudevoll gestalten.

„ICH DIEN“

„Ich dien.“ Dieses Wort befindet sich im Wappen der Hannoverschen Herzogs- und der englischen Königsfamilie. Es läßt uns aufhorchen, daß ein regierendes Haus aus der Zeit des Absolutismus sich einen solchen Wahlspruch zulegte, und es zeigt, daß trotz des unumschränkten und absoluten Herrschens die Vorstellung des Dienens im Mittelpunkt ihrer Gesinnung stand.

Ob wir wollen oder nicht, wir dienen alle. Jede Tätigkeit ist Dienst, ist ein Sich-Einfügen in die große Idee der Menschen-, Tier- und Pflanzenfamilie, nicht als deren Beherrscher, sondern als Dienender.

Im fortschreitenden Prozeß der Reife sollte uns der Sinn des Dienens mehr und mehr klar werden, so daß wir nicht unter der Last des auferlegten Dienstes, der Fron, leiden, sondern daß wir wie das englische Königshaus stolz darauf sind, zu dienen. Es ist immer ein Unterschied, ob wir etwas in uns bloß geschehen lassen, oder ob wir das Geschehen mit Gedanken und Überlegungen begleiten. Durch Nachdenken werden wir uns des tieferen Sinns unseres Tuns und Dienens bewußt, und dieses Wissen wird unsere Haltung erleuchten.

Der Dienende stellt sich positiv zur Aufgabe, sie ist ihm ein Auftrag. Der, welcher glaubt, daß *er* es sei, der Herr über das Geschehen ist, drängt sich in den Vordergrund und geht an dem inneren Kern der Dinge und Geschehnisse vorbei. Er reift nicht an ihnen. Der bewußt und freudig Dienende ist einer, der um das Geheimnis weiß; er wird zum wirklichen Herrn über sich selbst und die Dinge.

Ein Dienst, recht verstanden, erstreckt sich auf alles, was Gott uns in der Begegnung anvertraut. Es sind die Mitmenschen, gleich ob eigene Familie und Verwandtschaft, ob Nachbarn oder Arbeitskameraden, Bekannte und Freunde, Tiere, Pflanzen oder Dinge. Es ist selbstverständlich, daß wir der Familie dienen, auch unseren Tieren dienen wir gern. Aber der Dienst erstreckt sich auf noch viel mehr. Der Kreis von Menschen, die wir lieben und ohne Einschränkung anerkennen mit allen ihren Fehlern und Sonderlichkeiten, ist nur sehr klein. Schon jenseits der Schwelle unserer Wohnung sind wir nicht mehr bereit, den Nachbarn die gleiche Anerkennung zu zollen. Ihr Anderssein stört uns sehr und stimmt uns kritisch, mißtrauisch und ablehnend. Hier beginnt bereits die Entfremdung des Menschen. Er läßt das Visier herunter und ist nicht mehr ansprechbar. Der Auftrag Christi, den Nächsten zu lieben, ihm zu dienen, wird in den Wind geschlagen, und der Mensch bereitet sich seine eigene kleine private Hölle mitten im Leben. Die Angst vor der Hölle ist heute verblaßt, man glaubt nicht mehr so recht daran. Aber das hindert nicht, daß wir durch falsches, liebloses Verhalten, durch Verurteilung der anderen, durch Klatschsucht und Ehrabschneiden, Mißgunst und Neid die anderen und uns selbst vergiften und in einer Hölle leben, ohne es zu ahnen.

Unser Dienst erstreckt sich auch auf die Dinge,

die uns umgeben. Diese Dinge sind Gegenstände, „sie stehen uns gegenüber", Gott hat sie uns zur Pflege übergeben. Oft sind solche Dinge sehr viel älter als wir, werden von Generation zu Generation uns zur Betreuung weitergegeben und warten, daß noch viele andere, die nach uns kommen, sich an ihnen erfreuen. Sie haben ihr eigenes Leben und ihre eigene Strahlung, auch ihre Geschichte. Sie repräsentieren gleichzeitig die Unsterblichkeit des Menschen. Irgendein Handwerker oder Künstler hat sie geschaffen. Er ist längst tot, das von ihm geschaffene Ding aber lebt weiter; irgendwie bewahrt es noch seine Gedanken, seine Umgebung, seinen Zeitgeist.

Es gibt viele Menschen, die vorgeben, geistig zu sein. Wenn ich dann erlebe, wie achtlos sie mit den ihnen anvertrauten Dingen umgehen, so weiß ich, daß es mit ihrer Reife und Geistigkeit nicht allzu weit her ist. Denn sie haben es offenbar nicht gelernt, behutsam zu sein. Natürlich haben sie immer eine Ausrede, es ist ihnen aus der Hand gerutscht, oder die Hand hat gezittert. Aber das sind nur vordergründige Entschuldigungen für einen im Kern der Person befindlichen Mangel an echter Achtung vor den Dingen. Sie denken nicht daran, daß sie, wenn sie ein kostbares oder auch ein einfaches Gefäß oder einen anderen Gegenstand zerstören, zugleich die Person seines Gestalters treffen und dazu ihren Kindern diesen Gegenstand entziehen.

Sie werden vielleicht über diese sonderbaren Ausführungen verächtlich lächeln, aber sich doch betroffen fühlen. Wenn man in sich geht und sich bemüht, nach den Quellen der Achtlosigkeit zu suchen, und sich vornimmt, mit seiner Hand behutsam die Dinge festzuhalten und nicht vorzeitig loszulassen, dann kann man das noch im hohen Alter lernen, und man gewahrt, daß einem solche Mißgeschicke seltener passieren.

Dienen setzt Bewußtsein, Achtung und Behutsamkeit voraus. Wer sich in seinem Leben bewußt wird, daß sein vornehmster Auftrag das Dienen ist, der wird mit größerer innerer Beteiligung auf die Begegnungen achten und sich Zeit und Geduld nehmen, andere Menschen anzuhören, so still und freundlich anzuhören, daß dem Sprechenden wie von selbst, aus seinem Inneren, die Antwort auf seine ungelösten Probleme zuteil wird. Solchermaßen ist das Geheimnis des Lauschens und der Einfühlung, daß man gewahr wird: Je reifer und dienender man wird, um so mehr Menschen und Tiere suchen unsere Nähe, weil sie sich verstanden und behütet fühlen. Je mehr wir nur uns selber meinen und in den Vordergrund schieben und anderen unsere Meinung oder Weltanschauung aufzwingen wollen, um so einsamer und ärmer werden wir. Das Dienen aber hat eine anziehende Kraft, es wirkt wie ein Magnet.

Es mag für uns absurd klingen, daß wir auch unseren Kindern dienen sollen. In Wirklichkeit tun wir das ja, aber wir möchten das Gefühl behalten, daß wir sie leiten und lenken, daß es unsere Autorität ist, durch die sie erzogen werden. Doch nur mit Autorität ist noch niemand erzogen worden; lediglich massive Neurosen, Fehlhaltungen für das ganze

Leben sind dadurch erzeugt worden. Das Kind verfügt über einen starken Nachahmungstrieb, der seine Person von früh auf gestaltet. Es ahmt das Gute und das Böse nach. Sind wir, wie so häufig, mit dem Kind ungeduldig und herrisch, so lernt es das gleiche von uns und tyrannisiert uns. Erlebt es wirkliche Geduld, ein Eingehen auf seine Wünsche, erlebt es uns als gleichmäßige, harmonische, ruhige, freundliche Personen, dann nimmt es dieses Beispiel an. Darum sollten wir, ob in der Erziehung, oder in der Begegnung mit anderen, oder im Umgang mit den uns anvertrauten Dingen, uns immer bewußt sein, daß wir im Auftrag des liebenden Dienens stehen und daß das Dienen keine Unterwürfigkeit oder Kriecherei ist, sondern eine königliche Eigenschaft, die uns groß, reif und frei macht. Denn gerade der Mensch, der sich aus Selbstherrlichkeit selbst überhebt, alles auf sich bezieht, der launisch und aggressiv ist, der ist Sklave seines Geltungsdrangs.

VOM RECHTEN BETEN

Im zunehmenden Alter, wenn manche Berufsarbeit von einem abfällt und die Verpflichtungen eingeschränkt sind, bleibt uns mehr Zeit. Die Zeit verrinnt mit unabänderlicher Konsequenz. Man kann seine Zeit vertun, verplempern, und man kann sie nutzen. Natürlich können wir uns unablässig Beschäftigung suchen, können rastlos sein; wir können uns auch den ganzen Tag vor den Fernsehschirm setzen oder uns vom Radio berieseln lassen; wir können ein schönes Buch zur Hand nehmen oder Briefe an Freunde schreiben.

Aber wir können auch etwas tun, was in der heutigen Zeit weitgehend in Vergessenheit geraten ist: wir können beten. Wir stehen im Banne der vielen großartigen technischen Erfindungen. Wort, Musik und Bild dringen durch die Mauern vermittels der Apparate zu uns herein. Alle diese wunderbaren Dinge haben aber den menschlichen Gedanken zum Urgrund. Der Gedanke hat die Sender und die Empfänger geschaffen, und der Gedanke erzeugt Musik, Kunst und Dichtung. Glauben wir denn, daß unsere eigenen Gedanken und die Gedanken anderer Menschen Nichtigkeiten sind, Dinge ohne Kraft und Fortbewegung? Nur ein Dummer kann so denken.

Seit es Menschen gibt, weiß man um die Kraft des Gedankens, um die Kraft des Gebets. Früher baten einen die Kinder und Freunde: „Bete für mich!“, oder wenn sie nicht mehr gläubig und nur noch abergläubisch waren: „Halt mir den Daumen!" — In beiden Fällen sind es Gedanken an den anderen; im ersten verbindet man sich mit Gott und bittet ihn um Hilfe, im anderen drückt man seinen Daumen und denkt an den Betreffenden.

Alle Religionen der Menschheit haben wunderbare Worte, durch die sie sich mit ihrem Gott verbinden, Worte des Preisens, des Dankes und der Bitte. Der Christ jeder Konfession bedarf nur des Vaterunsers, um seinem Gott alles zu sagen, was sein Anliegen ist; denn in dem Gebet ist Lobpreis, Dank, Bitte und Unterwerfung unter den höheren Willen enthalten.

Was denken aber die vielen Menschen, die keiner Kirche mehr angehören und die sich über Religion und Gott lustig machen, weil sie in ihrer Blindheit und Selbstüberheblichkeit ihm noch nicht begegnet sind? Sie betrachten sich wirklich als Schöpfer und Gestalter ihres eigenen Schicksals und merken gar nicht, wie arm und wie dumm sie sind. Sie brauchten sich nur rundherum in dieser wunderbaren Welt, die immer erforschter und großartiger wird, umzuschauen, um zu begreifen, wie alle Dinge, jedes Lebewesen, jedes Schicksal, jeder Jahreswechsel miteinander verzahnt sind. Haben Sie schon ein großes Orchester ohne Dirigenten gehört? Es kann doch jeder der Musiker spielen, und er hat die Noten, warum also der Dirigent? Und ein Staat ohne Regierung, ein Heer ohne Heerführer? Nein, überall ist einer berufen, über dem Ensemble zu stehen. Nur im Weltall soll es anders sein und soll kein schöpferischer und dirigierender Geist herrschen! Und soll sich die mit unvorstellbarer Phantasie, Reichhaltigkeit und Logik gebaute Welt des Lebens nur zufällig entwickelt haben, der eine so, der andere anders? Welch ein unvorstellbares Durcheinander wäre dann die Welt!

Es mag sein, daß manche sich an dem Bild Gottes als eines Menschen oder Über-Übermenschen stoßen, an dem bärtigen Mann in den Wolken. Wem dieses Bild genügt, der mag daran festhalten. Es ist nur zu natürlich, daß der Mensch dem großen Schöpfergeist ein menschliches Aussehen gibt. Hat es doch Zeiten gegeben — in der Romanik, der Gotik, dem Barock —, wo die Künstler Christus, die Apostel und die Heiligen in der Gewandung ihrer Zeit darstellten; sie stellten sie in ihre unmittelbare Gegenwart hinein. In anderen Ländern gibt es andere Vorstellungen: bei den Chinesen ist der Drache der Herr des Himmels, und der Buddhismus kennt keinen persönlichen Gott; bei den Griechen, Römern und Etruskern ist es ein Konsortium von Göttern mit mannigfaltigen aufgeteilten Aufgabebereichen und helfenden Funktionen, und die Indianer Amerikas beten zum „Großen Geist".

In welcher Gestalt der Mensch ihn auch sehen und sich vorstellen mag, immer ist es die gleiche liebende, erhaltende, zerstörende, Ordnung schaffende geistige Macht.

Es kann sein, daß jemand einwendet: „Ich bin nur einer von drei Milliarden Menschen und von noch viel mehr anderen Lebewesen. Bin ich denn so wichtig, daß ich den unendlich fernen und zugleich nahen Gott um irgendeine Nichtigkeit bitten darf?" — Dieser Einwand hat seine Berechtigung. Aber stehen nicht all die Lebewesen unter einem großen Gesetz, dem sie gehorchen, und verfügen sie nicht selbst als Abbilder der Schöpfungskraft Gottes über individuelle, nur ihnen gemäße Kräfte und Eigenschaften? Haben nicht alle Menschen das Recht, sich mit einer Petition an ihren Landesherrn zu wenden? — Sie mögen die Verbindung über ihre Kirche oder direkt zu Gott wählen. Wir dürfen ihn anrufen, zu ihm sprechen. Ob und wann wir eine Antwort erhalten, das steht nicht in unserem Machtbereich. Eine Petition mag auch lange Zeit unterwegs sein, von einem Amt zum anderen, bis wir eine Antwort erhalten.

Wenn einer uns bittet „bete für mich", so meint er, wir möchten zu Gott für ihn beten. Aber können wir denn den Betreffenden nicht mit unseren guten, helfenden Gedanken direkt erreichen? Sicherlich können wir das. Nur gehen die Gedanken seltsame Wege. — Wir stehen seit wenigen Jahrzehnten im Zeichen des Radios und des Fernsehens. Früher hätte man einen Menschen als Hexe oder Zauberer oder Ketzer verbrannt, wenn er nur die Möglichkeit solcher Erfindungen ausgesprochen hätte. Heute aber jagen wir Satelliten in unermeßliche Höhen. Ihnen senden wir Bilder zu, die von ihnen reflektiert und zur Erde zurückgesendet werden. Das alles geschieht ohne jedes Wunder durch neu entdeckte physikalische Gesetze und Apparate. Wenn wir unsere Gebete zum unbekannten Gott senden, dessen Wohnort wir nicht kennen, der wahrscheinlich in und neben uns zu suchen ist, so wäre es doch denkbar, daß von dieser Macht die Gedanken zu der Person, um deren Heil wir bitten, verstärkt reflektiert werden.

In Gesundheit und Wohlstand betet es sich schnell. Man glaubt alles durch eigene Kraft, Fleiß und Geschicklichkeit zu erreichen. Wird man aber krank und erfährt die begrenzte Wirkung der Ärzte und Medizinen, oder ein uns naher Mensch erkrankt, oder wir geraten in Not, oder das Alter ist da und wir stehen vor dem unergründlichen Geheimnis des Todes, oder es gehen die liebsten Menschen diesen Weg und wir bleiben allein wie halbiert, dann sieht die Welt nicht mehr so einfach, physikalisch erklärbar und unproblematisch aus, und wir beginnen wie verirrte Kinder im dunklen Walde zu suchen. Gut ist, wenn wir einem reifen Freund oder Priester oder Philosophen oder einem guten Buch begegnen, die uns an der Hand nehmen und eine Strecke mit uns durch das Dunkel gehen, bis es wieder licht wird und wir lernen, die Dinge mit den Augen des Geistes zu erkennen und zu unterscheiden.

Es ist unser persönliches Anliegen und unsere eigene Entscheidung, ob, wann und wie wir beten. Ein Gebet kann kurz sein, es kann aber auch die ganze Person erfassen, wie es bei den großen Betern der Fall ist, die in die Einsamkeit gehen, um für die Welt zu beten. Wenn man das Glück hat, solchen Menschen zu begegnen, dann spürt man, welch konzentrierte und strahlende Kraft von diesen Menschen ausgeht; sie sind heil, und der Begriff der Heiligkeit stammt vom Heilsein.

Nicht jeder Beter ist ein Beter. Wir kennen aus allen Zeiten zur Genüge die Beter in der Kirche oder auf Pilgerfahrten, die sich immer so aufstellen, daß man ihre Frömmigkeit und ihr Gebet nur ja sehen soll. Lassen wir diese beiseite. Das rechte Gebet geschieht ohne Publikum, in der Abgeschlossenheit, und es ist recht, daß man sich geniert, sein Beten zur Schau zu stellen. Man muß auch beim Beten konzentriert sein, das Herplappern von in der Kindheit erlernten Gebeten, deren Sinn man kaum mehr aufnimmt, ist vergebliche Mühe. Man soll mit Worten, die das Herz zur Verfügung hat, zu Gott sprechen, und man soll nicht nur immer bitten. Man soll den Segen auf alles Wollen und Tun herabflehen — den Segen braucht man für alles —, aber Bitten um Kleinigkeiten, die man durch eigenes Tun erreichen kann, wäre eine Profanation des Gebets. Wenn man bittet, sollte man dem Adressaten — Gott — auch einen Bereich seines Willens und seiner Entscheidung lassen — „wie Du willst, Herr!"

Und was man nie vergessen sollte, das ist das Danken. Das Danken für alles, was uns in unserem Leben zuteil wird. Wenn wir da Inventur halten, oh, wie viel haben wir zu danken! Was steht alles auf der Habenseite in der Buchhaltung unseres Lebens! Gesundheit und Behütetsein, Eltern und Geschwister, Großeltern und Freunde, Bekannte und Kameraden, schöne Erlebnisse, die eigene Familie, die gemütliche Wohnung mit vielen schönen technischen Errungenschaften, die uns das Leben erleichtern. (Ich bin in Rußland noch bei Holzherd und Kerzenlicht und ohne

Wasserklosett aufgewachsen, und immer wenn ich den Elektroherd anstelle oder das Licht, das Radio oder das Fernsehen, oder in meinem Auto oder einem Flugzeug fahre, immer sage ich „danke“, denn all das erlebe ich als ein Geschenk — so werde ich tausendmal am Tage beschenkt!)

Unsere Soll-Liste sieht dagegen viel problematischer und kläglicher aus. Wie viele unerledigte Dinge, nicht zu Ende gedachte Probleme! Feindschaften, Entfremdungen, unterlassene Hilfeleistung, mangelnde Liebe und Rücksicht, Jähzorn, Trommelfeuer von Affekten, Ungeduld, Unordnung, Gleichgültigkeit, Mißgunst, Klatsch. Die Fehlleistungen, mit denen wir andere Menschen kränkten und schädigten, sind Legion. Diese Dinge sind nicht von Gott, sie kommen aus uns; ihre Summierung über ein langes Leben macht uns krank, hart, häßlich, verkrampft, verstimmt und unleidlich.

Beten wir doch mit aller Inbrunst, zu der wir noch fähig sind, um die Kraft, diese häßlichen Eigenschaften loszubinden und von uns abzulösen. Es ist später, als wir denken, aber es ist nie zu spät.

Dostojewski erzählt eine wunderbare kleine Geschichte von einer alten Frau, die in der Hölle schmorte, weil sie nur Böses im Leben getan hatte. Der Erzengel Michael, der alle Seelen aus der Hölle erretten möchte und der um jede mit dem Teufel kämpft, machte sich bei Gott zum Fürsprecher jener alten Frau. Er fand heraus, daß sie einmal in ihrem Leben einem Bettler, der sie sehr bedrängte, eine kleine verhutzelte Zwiebel gereicht hatte. „Gut“, sagte Gott, „dann versuch, sie mit eben dieser Zwiebel aus der Hölle zu holen; wenn es dir gelingt, dann soll es gut sein." — Der Erzengel rief die Frau und hielt ihr die Zwiebel über den Abgrund zur Hölle hin. Sie ergriff die Zwiebel und begann sich an ihr hochzuziehen. Aber als die anderen Sünder das sahen, klammerten sie sich an ihre Füße und wollten mit hochgezogen werden; die Last, die die Zwiebel tragen mußte, wurde immer schwerer. Da begann die Alte mit den Füßen zu strampeln und zu schreien: „Ich habe dem Bettler die Zwiebel gereicht, und nicht ihr!" Die armen Sünder purzelten hinunter, aber im gleichen Augenblick riß die Zwiebel und die Alte landete wieder in der Hölle, wo sie vermutlich heute noch schmort.

In einem Gebet wie dem Vaterunser ist die ganze Welt des Menschen eingefangen. Wenn er recht über den tieferen und weiteren Sinn dieses Gebets meditiert, dann gehen ihm neue und reiche Perspektiven auf. Wir wollen gemeinsam Wort für Wort durchgehen:

Vater unser, der Du bist im Himmel, geheiligt werde Dein Name.

Herr der Welt, lass' uns durch unsere Gesinnung, unsere Haltung, unsere Taten Deinen Namen heiligen, daß wir uns würdig erweisen, Deine Kinder zu sein.

Dein Reich komme zu uns.

Laß uns begreifen, daß diese Deine Erde ein Abglanz Deines Paradieses ist und daß wir sie durch freundliche Gesinnung, Wohlwollen, Liebe zu den Geschöpfen und gegenseitige Achtung und Hilfe und durch Freude zum Himmelreich machen sollen. Wie oft, leider, verwandeln wir sie durch Lieblosigkeit, Haß, Intoleranz, Eigensinn und Selbstsucht in eine Hölle. Gib uns die Einsicht, daß jeder von uns aufgerufen ist, diese Verwandlung in ein Paradies zu vollziehen in der Weise, daß er zunächst in seinem Herzen, dann in seiner Kammer, später in seinem Haus, in seinem Wohnblock, in seiner Stadt, in seinem Land eine heilige Stätte Gottes bereitet.

Dein Wille geschehe, wie im Himmel so auch auf Erden.

Möchten wir doch die Einsicht gewinnen, daß wir nur wenige Dinge mit unserem eigenen Willen zu vollziehen vermögen, daß alle Dinge des Schicksals uns von Dir gesandt werden, und möchten wir lernen, je näher wir uns auf Dich hin bewegen, Deinen Willen in unserem Leben lebendig zu machen. Wenn wir uns Deinem Willen anpassen, werden wir in Glück wie in Unglück, in Gesundheit wie in Krankheit, im Alter und angesichts des Todes gelassen, fröhlich und ohne Furcht sein.

Unser täglich Brot gib uns heute.

Laß uns dankbar die Nahrung entgegennehmen, die wir uns oder unsere Eltern uns durch die Arbeit ihrer Hände und ihres Geistes schaffen. Laß uns begreifen, daß wir alle nur durch die Liebe der Menschen leben und daß unbekannte, andersfarbige Brüder, die von uns oft verachtet werden, mit ihren Händen und ihrem Leben an der Nahrung mitwirken, die uns erhält. Laß uns ihnen dafür danken, und laß uns danken für das Brot der Erde, ob es reichlich oder karg ausfällt. Laß uns bei jedem Bissen daran denken, daß zugleich Millionen von Menschen und Tieren hungern, und laß uns darum freigebig werden gegen sie. Eingedenk des Hungers in der Welt, laß uns nicht leichtsinnig die Nahrung der Erde vergeuden oder verderben lassen. Und gib uns das Gefühl für das rechte Maß, damit uns die Nahrung, die unseren Leib erhalten soll, nicht zur Mast werde, so daß wir uns unserer Gestalt, die edel gedacht ist, nicht schämen müssen.

Und vergib uns unsere Schuld, wie wir vergeben unseren Schuldigern.

Wie wir vergeben unseren Schuldigern! Vergeben wir denn unseren Schuldigern? Vergeben wir denn überhaupt? Ist es nicht vielmehr so, daß unser Sinn auf das Strafen gerichtet ist? Wie können wir denn das Vaterunser beten, wenn wir nicht zu vergeben vermögen? Christus sagt zu Petrus: man müsse nicht nur siebenmal, sondern siebenzigmal siebenmal vergeben. Und wir? Wie leicht sind wir böse und gereizt in der Familie, im Betrieb, im Straßenverkehr! Vergeben wir denn, bitten wir wirklich um Vergebung? Nein, wir gehen mit dem Groll und den Haßgefühlen schlafen, und das Böse wirkt in unsere Träume hinein. Bitten wir doch um die Kraft des Vergebens, man braucht viel Kraft dazu! Aber welche Freude und welches Licht zieht in unser Herz ein, wenn wir vergeben haben, wenn wir uns versöhnt haben, wenn wir also die rechte Beziehung Sohn—Vater wiederhergestellt haben. Lehre uns, o Herr der Welt, schnell zu vergeben, und gib uns die Kraft, um Vergebung zu bitten!

Und führe uns nicht in Versuchung.
Die Welt ist voll von Versuchungen, und wir stehen mit unserer kleinen Person in dieser verführerischen Welt. Kann man sie alle aufzählen, die Versuchungen? Irgendein Gegenstand, der uns nicht gehört, gefällt uns, die Begierde erfaßt uns; wenn wir uns unbeobachtet glauben, stehlen wir ihn. Oder wir freuen uns, etwas Unfreundliches über andere Menschen zu sagen. Wir erlauben uns, unsere schlechten Launen an anderen Menschen auszulassen, und kränken sie damit. Und wie steht es mit dem Widerstand gegen übermäßigen Alkohol- und Tabakgenuß, Marihuana, Haschisch, das Naschen, sexuelle Unmäßigkeit? Und wenn wir verliebt sind, lieben wir wirklich den anderen Menschen, oder lieben wir vielleicht nur unsere Selbstbestätigung? Darüber sollten wir nachdenken.

Und erlöse uns von dem Bösen.
Und wenn wir Wilde im Busch wären, als Menschen wissen wir, daß es Böses gibt, und wir wissen auch, wenn wir Böses tun. Unser Gewissen, dieses im Kern unseres Seins verborgene Wissen um Gut und Böse, ist wie ein Wachhund in uns und läßt uns nicht froh werden, wenn wir Böses tun oder planen. Möge dieses unser Gewissen laut und deutlich in uns sein, auf daß unsere Seele und unser Gemüt sich erhelle.

Ein anderes Gebet ist mir sehr ans Herz gewachsen, es ist das Gebet der Siouxindianer. Es wurde 1956 zum Weltgebetstag in 134 Ländern gebetet.

Großer Geist, dessen Stimme ich in den Winden vernehme und dessen Atem der ganzen Welt Leben spendet, höre mich!
Ich trete vor Dein Angesicht als eines Deiner vielen Kinder. Siehe, ich bin klein und schwach; ich brauche Deine Kraft und Deine Weisheit.
Laß mich in Schönheit wandeln und meine Augen immer den purpurnen Sonnenuntergang schauen.
Mögen meine Hände die Dinge achten, die Du geschaffen hast, und meine Ohren Deine Stimme hören.
Mach mich weise, damit ich die Dinge erkennen kann, die Du mein Volk gelehrt hast, die Lehre, die Du in jedem Blatt und jedem Felsen verborgen hast.
Ich sehne mich nach Kraft, nicht um meinen Brüdern überlegen zu sein, sondern um meinen größten Feind — mich selbst — bekämpfen zu können.
Mach mich stets bereit, mit reinen Händen und aufrichtigen Augen zu Dir zu kommen, damit mein Geist, wenn das Leben wie die untergehende Sonne entschwindet, zu Dir gelangen kann, ohne sich schämen zu müssen.

SCHICKSAL AUS GOTTES HAND

Es geschieht nicht von ungefähr, daß man im Alter sich an langvergangene Ereignisse, die man schon vergessen zu haben glaubte, erinnert. Es ist die Zeit der Reife, der Ernte. Man vollzieht unwillkürlich eine Generalrevision. Einerseits erscheinen einem vergangene Zeiten und Geschehnisse unter einem freundlichen, milden Licht; die Erinnerung vergoldet. Andrerseits aber wird man sich mancher Fehlhaltungen und böser Dinge bewußt und würde sie gerne ungeschehen machen. Es ist gut, daß man zum Nachdenken und zum Überprüfen kommt, denn wenn es auch bereits vergangen ist und die meisten Menschen, denen wir früher begegneten, nicht mehr leben, so ist es doch *unser* Leben, das mit Zukunft, Gegenwart und Vergangenheit uns gehört und von uns recht und schlecht gelebt und gestaltet wurde.

In den sogenannten besten Jahren, in denen man glaubt, daß man Herr über sein Leben ist und es selbst gestaltet, wird es nichtsdestotrotz vom Schicksal bestimmt. Wir können uns entscheiden, wenn wir vor einer Weggabelung stehen, welchen Pfad wir einschlagen wollen; diese Entscheidung bestimmt dann die weiteren Ereignisse. Weil wir gelegentlich solche Entscheidungen treffen, glauben wir, daß wir unser Leben selbst gestalten.

Das ist ein Irrtum. Wenn wir uns wirklich besinnen, finden wir sehr bald heraus, wie gering unser Anteil an der Selbstbestimmung ist. Aber andrerseits ist er auch entscheidend. Wir können eine gute, friedliche, tolerante Gesinnung haben und werden weniger Konflikten mit Menschen unterworfen sein. Sind wir ungeduldig, jähzornig, mißtrauisch, unfreundlich, unduldsam, so werden wir bei jeder Kleinigkeit anecken, wir werden den anderen und uns selbst das Leben vergällen. Ein schwacher Mensch schafft sich durch seine Charaktermängel Schwierigkeiten und Probleme, die eigentlich nicht vorhanden sind; sein Leben wird zu einem unentwirrbaren Knäuel, in den er sich selbst verwickelt. Der einsichtige Mensch, der das Unterscheidungsvermögen von Gut und Böse besitzt, der sich an vorhandene Ordnungen und Gesinnungen anpaßt, wird sein Dasein zu gestalten wissen. Der weise Mensch dagegen steht schon über dem Schicksal, weil ihn Gut und Böse, Wohlstand und Not nicht mehr anfechten.

Überlegen wir doch, wie weit oder begrenzt der Bereich unserer Selbstgestaltung ist. Wir gehen nachts schlafen und bedürfen der Ruhe. Es gibt unzählige Menschen, die an Schlafstörungen leiden. Sie wollen einschlafen, aber sie können nicht; sie verzweifeln, sie greifen zu Tabletten, wissend, daß sie nur einen Schlafersatz erhalten, und es wird ihnen schmerzlich bewußt, daß sie mit ihrem Willen den Schlaf nicht zu erzwingen vermögen.

Wir stellen den Wecker und stehen in der Frühe auf, wir waschen uns und ziehen uns an, frühstücken und gehen zur Arbeit. Soweit mag alles gehen wie am Schnürchen. Aber schon auf der Straße, im Autobus — wissen wir, wem wir unterwegs begegnen?

Es mögen gleichgültige, häßliche, polternde oder liebenswürdige Menschen sein. Wir können in Streit geraten oder unschuldig von einem Gereizten angegriffen werden, oder es kann uns eine freundliche Begegnung, ein gutes Gespräch geschenkt werden. Davon hängt womöglich die Stimmung des ganzen Tages ab.

Gleichgültig, in welchem Geschäft wir arbeiten, es gibt einen bestimmten Arbeitsplan; dieser ist abhängig von den Mitmenschen, von ihren Launen, Freundlichkeiten, Ungezogenheiten. Auch wir können ungezogen gegen andere sein oder durch ein unvorsichtiges Wort ungewollt eine schwache Stelle beim anderen treffen, der dann mit Beleidigtsein und Aggression reagiert. Es kann uns unzumutbare oder schwierige oder sehr langweilige Arbeit aufgebürdet werden. Hier kommt es darauf an, wie wir sie erledigen; wie wir Unfreundlichkeiten, Beleidigungen, Stiche, Spott hinnehmen, ob wir die innere Kraft haben, uns dagegen abzuschirmen, oder ob wir sofort wie ein Igel unsere Stacheln sträuben.

Ich erlebe es täglich als Nervenarzt. Jeden Morgen beginne ich meine Sprechstunde; ich rüste mich im Gebet und im Vorsatz, so vielen Menschen wie möglich zu helfen, geduldig zu sein, gütig, hilfsbereit. Aber ich weiß weder, wieviele Patienten kommen, noch was für schwierige oder leichte Anforderungen an mich gestellt werden. Es kommen Menschen, die meine Geduld über Gebühr strapazieren, weil sie weder die rechte Distanz gegenüber sich selbst noch auch Rücksicht gegenüber den anderen, die im

Wartezimmer sitzen, kennen, und es kommen Menschen, von denen ich viel lerne, wie sie ihre Not, ihr Leben meistern und so anderen zum Beispiel werden.

Ich erfahre weiter, wie schwer es viele Menschen miteinander haben, wie sie in der Ehe, oder als Eltern und Kinder, als Arbeitskameraden und Arbeitgeber nicht miteinander auskommen. Eigentlich deshalb, weil jeder sich selbst meint und zuerst an sich selbst denkt und nicht genügend Liebe und Rücksicht den anderen gegenüber hat. Aber auch wenn beim einen das der Fall ist, der andere es aber nicht begreift und nicht mit Gleichem vergilt, auch dann ist der Friede gestört. Man sollte meinen, daß die Menschen sich darnach sehnten, in Frieden miteinander zu leben, aber sie wollen selbst nichts dafür einsetzen.

Wir pflegen so zu leben, als ob wir ewig lebten, als ob Wohlstand und Gesundheit uns verbrieft worden wären. Durch die Fortschritte der Medizin und der Hygiene bleiben wir lange gesund und unterliegen nicht mehr so vielen Krankheiten wie früher. Aber es verbleiben noch genug, und es gibt Unfälle, die uns plötzlich zustoßen. Der Terminkalender mag bei manchen von uns schon auf Monate hinaus ausgebucht sein, alles geht nach Wunsch. Aber dann gibt es plötzlich einen Streik oder einen Nebel, der das Flugzeug nicht starten läßt, eine wichtige Sitzung muß verschoben werden, und wir hadern mit dem Schicksal, das unseren Plan durchkreuzt.

Oder wir erleiden einen schweren Unfall, der unser ganzes bisheriges Leben über den Haufen wirft. Im Bruchteil einer Sekunde kann so etwas geschehen.

Das sind Marksteine, an denen wir merken, wie wenig wir selber unser Leben gestalten. Das Schicksal trifft uns selten allein. Meist ist durch einen Unfall, durch den Tod, durch Pensionierung, durch Ehescheidung, durch Krankheit eine ganze Familie, ein Betrieb betroffen. Kein Mensch läßt sich ganz ersetzen. Wohl kommen andere an unseren Platz, und das Leben geht seinen Gang weiter. Aber jeder von uns gibt seiner Umgebung ein besonderes Gepräge.

Der Inder hat eine besondere Vorstellung von den im Leben wirkenden Schicksalskräften. Er spricht vom Karma und glaubt, daß jeder Mensch in seinem besonderen Sein und in Verbindung mit allen anderen Wesen und den Kräften des Kosmos sein Schicksal gestaltet und daß dieses Karma wie ein roter Faden durch ungezählte Serien von Daseinsformen, aus seiner Vergangenheit und in die Zukunft weisend, in seinem gegenwärtigen persönlichen Leben und in der Kette seiner Wiedergeburten verläuft. Diese Linie aber steht unter einem sinnvollen Auftrag, per aspera ad astra, vom Dunkel zu den Gestirnen, zum Licht, oder mit den Worten von Teilhard de Chardin, vom Tier in uns zum Engel in uns. In dem Zustand des Engels, des Heiligen, des Weisen endet die Verflochtenheit mit Gut und Böse in der Vereinigung mit dem höchsten Wesen, mit Gott.

Unsere Mystiker wissen ebenso wie die Yogis Indiens und die Starzen Rußlands davon zu berichten. So sagt der seraphinische Wandersmann Angelus Silesius:

Gott ist mein Geist, mein Blut, mein Fleisch und
mein Gebein.
Wie soll ich denn mit ihm nicht ganz durchgottet
sein?!

oder:

Wenn du vergottet bist, so ißt und trinkst du
Gott —
Und dies ist ewig wahr — in jedem Bissen Brot.

oder:

Der Weise, welcher sich hat über sich gebracht,
Der ruhet, wenn er läuft, und wirkt, wenn er be-
tracht't.

Das indische Karma kennt zwar Gut und Böse, es sieht sie aber als relativ an. Es gibt keinen eigentlichen Begriff der Sünde. Im christlichen Sinne ist Sünde eine böse Tat, ein böser Gedanke oder eine böse Gefühlsregung. Hier klafft aber bereits ein Unterschied zum säkularen Sein. Im Strafrecht wird bestraft, wer eine böse Tat getan hat. Hat er die böse Tat versucht zu tun und ist sie ihm aus irgendwelchen Gründen nicht gelungen, so wird er weniger bestraft. Böse Gedanken dagegen sind straffrei.

Im Begriff des Karma gibt es außer dem gezielten bösen Willen eine Verquickung durch ungewollt Böses, das also ohne die entsprechende Absicht entsteht.

Das Karma wird mit dem Bild eines Bogenschützen verglichen, und es werden drei aufeinanderfolgende Stadien des Bogenschießens unterschieden. Samchita, Prarabdha und Agami. Samchita stellt den Schützen mit dem Bogen, dem Köcher und dem Pfeil dar.

Noch sind alle vier eine Einheit. Im Stadium des Prarabdha spannt der Schütze den Bogen, legt den Pfeil an und zielt. Sein Pfeil ist auf etwas gerichtet. Agami ist nun der Zustand, wo er den Pfeil fliegen läßt. Nun ist der Bogen wieder entspannt, und der Pfeil fliegt. Wenn der Schütze ein Meisterschütze ist, so wird der Pfeil vermutlich das beabsichtigte Ziel treffen; aber es kann auch geschehen, daß der nun selbständig gewordene Pfeil sein Ziel verfehlt und ein anderes unbeabsichtigtes Objekt trifft. Das will heißen, daß der Bogenschütze ohne seine Absicht mit dem Pfeil neue und andere Schicksale schafft. Er wird so zum beabsichtigten oder unbeabsichtigten Schicksal für andere. Beides aber bedeutet ein Auslösen von neuen Wirkungen und Verquickungen.

Im chinesischen „I Ging", dem Buch der Wandlungen, heißt es: „Der Mensch hat seinen Weg als das normale Ergebnis seines Betragens, der Folge seiner Handlungen, seines Temperaments und der Umstände, die er um sich hervorgerufen hat: das ist die Schicksalslinie seines Lebens." — Und Christus sagt: „Was der Mensch säet, das wird er ernten."

Erst im Reifeprozeß öffnen sich unsere Augen und Ohren für die unsichtbaren und unhörbaren Dinge. Zunächst leben wir vordergründig. Manchem wird es im fortschreitenden Alter geschenkt, daß er die Hintergründe erkennt; dann erst bekommt sein Leben einen tieferen, geheiligten Sinn.

Wir gehen an unzähligen Begebenheiten, Begegnungen, Ereignissen ungerührt vorbei und merken nicht, daß eine andere, höhere Kraft uns ein Zeichen geben will und eine Hilfe sendet.

Versuchen wir nachträglich, wenn wir es schon in der Gegenwart nicht vermögen, nach solchen helfenden und rettenden Begegnungen zu suchen. Wenn uns die Augen aufgegangen sind, finden wir eine große Zahl, und dann, mit geschulten Sinnen, wird uns manche Aussage von Bedeutung.

Mein Leben und das meiner Nächsten ist voll davon. Eines Tages kam eine geisteskranke Patientin mit Zwangsideen, als die Sprechstunde bereits vorbei war und ich mich müde und abgespannt gerade ausruhen wollte. Ich war sehr böse und wies sie zurecht. Da sagte sie: „So kenne ich meinen Doktor gar nicht, er war sonst immer freundlich und bereit zu helfen." — Ich war entwaffnet und wollte ihr erklären, warum ich böse sei; aber dann begriff ich plötzlich, daß Gott durch den Mund der Geisteskranken zu mir sprach und mich auf meine Aufgabe hinwies, auch wenn es mir nicht danach war. Ich wurde sofort wieder freundlich, und wenn mich die Lust ankommt, unwirsch zu sein, so fällt mir jener Ausspruch rechtzeitig ein.

Eine noch seltsamere Geschichte geschah meinem Pflegesohn Baron Bernd Keyserling, der Architektur studierte. Er beabsichtigte nach England zu gehen, um dort zu lernen. Meine Frau wandte sich an ihren Vetter, der ihm Arbeit bei einem bekannten Architekten, Mr. Fairbairn, verschaffte. Es war gerade Poststreik in England. Bernd nahm ein Nachtflugzeug nach London. Neben ihm saß ein schwarzer junger

Mann. Sie kamen ins Gespräch, und Bernd erzählte ihm von seinem Vorhaben. Da fragte dieser: „Bei welchem Architekten werden Sie arbeiten?" — Bernd fand die Frage recht indiskret, nannte aber den Namen. Da sagte der Schwarze: „Oh, der Herr, der hinter Ihnen sitzt, arbeitet bei Mr. Fairbairn." — Sie machten sich bekannt. Der junge Mann unterrichtete Bernd über die Bedingungen der Arbeit. Als sie im Morgengrauen in London landeten, war unser Vetter nicht auf dem Flugplatz, weil er Bernds Brief nicht bekommen hatte. Der junge Mann lud ihn in seine Wohnung ein. Ist es nicht eine Geschichte, wie die wunderbare Geschichte aus der Bibel vom Erzengel Raphael, der sich als Reiseknecht verdingt und den jungen Tobias ins fremde Land begleitet?!

Ich hatte eine sehr einsame und ungute Frau als Patientin, die mit allen Menschen Streit bekam, alle verdächtigte und unleidlich war — natürlich war nicht sie schuld, daß niemand etwas von ihr wissen wollte, immer waren es die anderen. Ich hatte sie sehr streng behandelt und ihr ihren Egoismus und ihre Menschenfeindlichkeit vorgehalten. Es sei kein Wunder, daß sie keine Freunde habe. Im Autobus saß sie dann neben einem kleinen Kind. Das Kind schmiegte sich an sie und sagte: „Tante, du bist lieb!" — Das warf sie um und verursachte eine Wandlung in ihr. Es sagte ihr ja jemand, daß sie lieb sei; also gab es doch noch Menschen, die sie lieb fanden. Danach veränderte sich ihr Leben. Sie hatte die Stimme Gottes in der Stimme des Kindes gehört.

Hunderte von Zeichen werden uns zuteil, kleine, unscheinbare Dinge — wir achten meist nicht darauf. Würden wir sie begreifen und als Sendboten Gottes empfangen, so würden wir innerlich reich und froh werden. Hermann Hesse schreibt in seinem wunderbaren Buch „Demian“: „Als Sinclair unter dem Einfluß seines Freundes Demian begann, auf die Zeichen zu achten, begegnete er ihnen auf Schritt und Tritt. Wenn er in der Schule oder beim Niederschreiben von Aufgaben ein Wort nicht deuten konnte, sicher fiel dieses Wort während des Unterrichts und wurde erklärt. Auf mannigfache Weise wurde ihm Antwort auf Fragen zuteil.“

Während ich mein Buch „Gottes Boten unter uns“ schrieb, fehlte mir das deutsche Wort für die russische Bezeichnung „Jastreb“. Ich konnte das russischdeutsche Wörterbuch nicht finden. Ich übersetzte es mit Sperber, obwohl ich wußte, daß es sich um einen anderen Raubvogel handelte. Am nächsten Tag bekam ich einen Brief einer Leserin aus der DDR. Auf der Briefmarke war ein fliegender Raubvogel abgebildet. Ich achte meist nicht auf Briefmarken, weil ich sie nicht sammle. Ich sah sie mir näher an. Darauf stand „Habicht“. Das war der Vogel, nach dessen Namen ich gesucht hatte. Ich verbeugte mich in Dankbarkeit vor der geheimnisvollen Macht, die mir vierundzwanzig Stunden später ungefragt die Antwort brachte.

Leben, Entwicklung und Schicksal verlaufen nicht gradlinig, sie gehen viele gewundene Pfade, hinauf und hinab und im Zickzack. Wir begreifen es nicht

— nicht gleich, vielleicht erst im Alter, wenn wir unser Leben und das Leben unserer Nächsten, auch das der Eltern und Vorfahren wie aus einer Höhe überblicken. Dann werden uns die seltsamen Windungen, Verknüpfungen und Rückschläge klar, und wir vermögen den Sinn mancher Geschehnisse zu deuten.

Martin Buber erzählt eine bezeichnende Geschichte von Rabbi Eisik, Sohn des Rabbi Jekel aus Krakau. Im Traum erhielt er den Befehl, nach Prag zu gehen und an der Brücke, die zum Schloß führt, nach einem Schatz zu graben. Wie es uns allen ergeht: auch er gab nichts auf diesen Traum. Aber er wiederholte sich. Schließlich wanderte er von Krakau nach Prag, fand die Brücke und wollte an der bezeichneten Stelle graben. Aber es waren immer Wachtposten in der Nähe. Einem Offizier fiel der junge Jude auf, der sich tagelang dort herumtrieb. Er stellte ihn und fragte ihn nach seinem Begehr. Rabbi Eisik erzählte ihm seinen Traum. Der Offizier lachte: „Welch ein Unsinn, ein Traum! Wenn ich Träumen nachgehen wollte, dann müßte ich nach Krakau gehen und unter dem Herd eines Juden Eisik, Sohn Jekels, einen Schatz ausgraben. Eisik, Sohn Jekels, ich kann mir vorstellen, wie ich drüben, wo die eine Hälfte der Juden Eisik und die andere Jekel heißt, alle Häuser aufreißen muß!" Und er lachte wieder. Aber Rabbi Eisik ging stumm nach Krakau, grub unter seinem Herd den Schatz aus, und baute davon ein Bethaus, das „Reb Eisik Reb Jekels Schul" heißt.

Für die vielen Menschen, die das Gefühl haben,

daß es dort gut sei, wo sie *nicht* sind, und die immer auf der Flucht vor sich selbst sind, hat Maurice Maeterlinck ein wunderbares Bühnenstück: „Der Blaue Vogel“ geschrieben. Dieses Stück wurde Jahre lang im Moskauer künstlerischen Theater gespielt und war die Wonne meiner Kindheit. Es handelt von zwei Kindern, Titil und Mitil, die von dem Wunder des Blauen Vogels gehört haben: wer ihn besitze, werde glücklich. Und sie gehen in die Welt, um diesen Vogel zu suchen. Nach Jahren des vergeblichen Suchens kehren sie enttäuscht heim. Und was sehen sie zu Hause im Käfig: der kleine Vogel ist blau! Er war immer blau!

Diesen blauen Vogel könnte jeder von uns in sich selbst finden, wenn er sich nur Zeit und Geduld nähme, in sein Inneres zu schauen, es mit Liebe und Freundlichkeit zu erleuchten, wenn er nicht immer zu den anderen hinüberschielte.

Wir sprechen so oft von Schicksalsschlägen, wenn es im Leben nicht nach unserem Willen geht. Wir sind verzweifelt und mit Welt und Menschen uneins. Jahre später erkennen wir, daß das, was wir für einen Schicksalsschlag hielten, in Wirklichkeit eine Schicksalswende war. Unser Sein wurde in eine andere Bahn gelenkt, und aus dem Unglück wurde ein Segen.

Unser Wille und der Wille Gottes sind nicht immer eins. Nur der Weise hat das rechte Gespür für den Willen Gottes und beugt sich ihm ohne Widerstand. Je dümmer, triebhafter, launischer ein Mensch ist, um so mehr stellt er sich seiner eigenen Bestimmung in den Weg. Wie oft hält man sich an Orten, Behausungen, Menschen krampfhaft fest und will sie nicht loslassen und weiß gar nicht, daß ein anderer Mensch schon in der Nähe und bereit ist, uns in der rechten Weise zu begegnen.

In der Muße und Reife des Alters ist uns aber auch die Möglichkeit gegeben, rückblickend unser Leben, unsere Haltungen und Verhaltensweisen neu zu überprüfen und nunmehr unter einem völlig anderen Gesichtswinkel zu betrachten. Viele, die wir nicht verstanden und nicht geliebt haben, denen wir Unrecht getan, die wir beleidigt und gekränkt oder auch mit Affenliebe verwöhnt und dadurch ihren Charakter verbogen haben, werden nicht mehr am Leben sein. Wir können ihnen nicht mehr schreiben und sie um Verzeihung bitten; aber um Vergebung beten können wir, und das sollten wir tun. Die Lebenden, mit denen wir uns entzweit haben, sollen wir nach christlichem Brauch so bald als möglich um Vergebung bitten, auch dann, wenn wir uns unschuldig glauben. Nur so gelingt es uns, das Böse in uns und zugleich in der Welt zu verringern; denn das Böse ist Verkrampfung, Versteinerung, Krankheit und Tod. Ein Mensch mit einem guten Gewissen und einem guten Herzen ist heiter und friedlich; weil er heiter und harmonisch ist, ist er auch gesund. Den Bösen, den Verkrampften befallen Krankheiten und Unfälle, weil er wie ein wildes Tier im Käfig seiner Selbstsucht gefangen ist.

In der indischen Lehre von den Wiederverkörperungen heißt es, daß der Mensch alle unguten Bindungen, alles Böse, Verbrecherische, alles Unglück, das er durch sein Tun und Denken verursacht hat, in diesem oder einem der nachfolgenden Leben wieder gut machen muß. Darum wird er so oft zur Erde zurückkehren, bis er sich ganz freigemacht hat vom Bösen und sich selbst und die Erde entsühnt hat. Wenn also der Inder Menschen oder Tieren begegnet, so tut er es in Ehrfurcht und in der Vorstellung, daß jede, auch die flüchtigste Begegnung einen geheimen Sinn habe. In seinem Oberbewußtsein ist die Erinnerung an die vergangenen Geschehnisse ausgelöscht. Aber manchmal bleibt ein Schimmer davon erhalten. So gibt es bei ersten Begegnungen unerklärliche Sympathien oder Antipathien; es gibt sofort erkannte Gleichklänge der Seelen, man spricht mit jemandem die gleiche Sprache, man glaubt ihn längst zu kennen. Solche Erlebnisse hat jeder von uns gehabt. Das erstreckt sich auf Räume und Landschaften, auf Kulturen und Völker. Dem einen ist diese oder jene Kultur lieb und vertraut, als ob er darin gelebt hätte, andere sind ihm wiederum vollständig gleichgültig.

Steht der Mensch in dem Bewußtsein, daß in seinem Leben alles Fügung und Auftrag und nichts Zufall oder sinnlos ist, dann begegnet er den Menschen und Dingen mit größerer Würde und Entgegenkommen, und er wird sich hüten, ungute Gefühle und Gedanken aus sich zu entlassen, wissend, daß das Böse, von ihm geboren, sich in der Welt ausbreiten wird.

Das Karma vollzieht sich nicht in vergangenen oder erst zukünftigen Reinkarnationen, es erzeugt eine konsequente Folge in unserem gegenwärtigen Dasein. Wir sind von der Geburt bis zum Tode eine Person, doch durchlaufen wir zahlreiche Stufen: Kleinkind, Kind, Pubertierender, Jüngling, Erwachsener, Wechseljahre und Alter. Unsere Körpergröße, Gestalt, Umfang, Leibesfülle, Knochenbau, Behaarung, Ton der Sprache, Bewegung und Ausdruck, alles ändert sich fortwährend. Aber unser Verhalten, unsere Gedanken und Weltanschauung, unsere Taten bilden aneinandergereiht unser Leben, unser Schicksal. Und so wie die karmischen Begegnungen in den Wiederverkörperungen erfolgen, so spielen sich auch die Begegnungen im Verlauf des gegenwärtigen Lebens ab. Wir schließen Freundschaften und Liebesbünde, wir setzen Kinder in die Welt; wir säen Zwietracht und Haß.

Zuerst ist unsere Liebe mit großer Kraft auf unsere Geliebten, dann auf unsere Kinder gerichtet. Sie machen uns nicht immer Freude, aber hören wir auf, sie zu lieben? Sie werden groß und lösen sich von uns ab, sie gründen neue Familien. Sicherlich wandelt sich unsere Liebe zu ihnen, sie bekommt mehr Distanz; aber die Verbindung bleibt, wenn sie recht gepflegt wird, für das ganze Leben. Das Gleiche gilt für Freundschaften: anfangs sind sie ganz nah und innig, irgendwann wechselt einer den Ort, und die Kommunikationen werden seltener. Doch die innere Substanz der Freundschaft bleibt. Nur die Feindschaften haben die Tendenz ewig zu bestehen, und gerade die gilt es abzubauen. Es braucht ja nicht so zu sein, daß sie in Freundschaften umschlagen, aber daß es mindestens zum gegenseitigen Dulden und Respektieren kommt.

Rabbi Baalschemtow sagt: „Wunderbar ist die Welt Gottes, doch der Mensch verdeckt sie sich mit seiner kleinen Hand."

Nehmen wir die Hand vor den Augen und vor dem Herzen weg und lernen wir diese wunderbare Welt zu sehen, wie sie ist! Sie ist wirklich wunderbar.

ÜBER DAS STAUNEN

Angelus Silesius, der cherubinische Wandersmann, der kindliche, gottbegnadete Mensch, sagt in einem seiner Vierzeiler:

Mensch, nichts ist unvollkomm'n: der Kies gleicht — dem Rubin,
der Frosch ist ja so schön als Engel Seraphin.

Ein japanischer Zen-Meister, vielleicht ein Zeitgenosse von Angelus Silesius, viele tausend Kilometer von ihm entfernt, sagte: „Hast du bemerkt, wie die Kieselsteine der Straße nach dem Regen sauber und glänzend sind? Wahre Kunstwerke! Und die Blumen? Kein Wort kann sie beschreiben. Man kann nur ein bewunderndes »Ah!« ausrufen. Man muß das »Ah!« der Dinge verstehen!"

Wer von uns versteht noch das „Ah" der Dinge? Das *Kind*, das vor jedem neuen Objekt ein „Ah" ausruft und staunt, und staunend sich freut, sein Wissen und Erleben von der Welt zu bereichern. Wie wunderbar und zauberhaft ist dieses Staunen des Kindes! — Der *junge* Mensch glaubt alles zu wissen und staunt über nichts. Ein russischer Schriftsteller sagt: „Geben Sie einem Abiturienten eine Landkarte, er wird sie Ihnen verbessern, weil er es besser weiß." Wie traurig wirkt die Blasiertheit, Humorlosigkeit und Besserwisserei mancher junger Menschen!

Sind wir schon zu alt, um zu staunen? Gibt es in dieser reichen Welt nichts mehr, über das wir staunen könnten? Könnten wir nicht im Prozeß des Älter- und Reiferwerdens das kindliche Staunen wieder lernen und die Freude, die zu jedem Staunen gehört?

Es kümmert sich jemand um uns, kommt uns besuchen. Natürlich ist das die selbstverständlichste Sache der Welt. Aber ist es nicht doch staunenswert, daß jemand sich aufmacht, freundlich an uns denkt, sich Sorgen um unser Wohlergehen macht, sich Zeit nimmt, um uns zu besuchen? Ist es nicht Grund genug zu staunen? Daß uns so etwas widerfährt, gerade uns?

Jemand aus der Ferne schreibt uns, ein anderer schickt uns ein Buch oder eine Leckerei. Ist das nicht zum Staunen? Denn es geht doch nicht nach Verdienst. Wenn es danach ginge, hätten wir wohl einen verbrieften Anspruch auf Besuche, Geschenke, Briefe, Liebe? Wohl kaum. Und Dinge, die nur aus Pflichtgefühl geschehen, sind kalt und unpersönlich.

Ein Kind schenkt uns sein Lächeln, ist zutraulich zu uns, will mit uns sprechen oder spielen. Ist das nicht ein ganz großes Geschenk? Oder eine Verkäuferin im Geschäft ist uns gegenüber hilfreich und zuvorkommend. Sie will uns nichts aufdrängen, nicht mehr verkaufen, als wir benötigen. Sie ist einfach freundlich; vielleicht ist es ihr Naturell, oder jemand anderer war freundlich zu ihr und sie reflektiert das Erlebnis. Vielleicht gefallen wir ihr oder erinnern sie an jemand, den sie gern hat. Wie dem auch sei: staunen wir, daß gerade uns unverdient solche Freundlichkeit zuteil wird!

Es ist eine beglückende Zeit, wenn man ein Buch wie dieses schreibt. Man macht seine Praxis als Nervenarzt, man telefoniert mit vielen Menschen, man hält Vorträge, man schreibt Briefe, man empfängt liebe Gäste. Aber innen drin in der Seele arbeitet es; wie ein Zwerg, der im Herzen sitzt, lugt die Seele aus einem heraus und sucht und sucht nach Bildern und Gleichnissen, Themen, Begegnungen und Erlebnissen. Viele Ereignisse, an denen man sonst achtlos vorbeigehen würde, erhalten Bedeutung; man notiert sich da ein Wort, einen Ausspruch, den man gehört hat, dort eine Geschichte, die man aufschreiben möchte, oder einen Satz aus einem Buch, das man liebt, und man staunt, wieviel in einer solchen Zeit auf einen zukommt.

Wenn ich schwangere Frauen sehe mit ihrem ausladenden Gang und dem verträumten, nach innen lauschenden Antlitz, das sie so verschönt, dann vergleiche ich diesen Zustand staunend mit dem des Dichters, der an einem Werk arbeitet. Auch er lauscht gleichermaßen auf die innere Stimme wie nach außen auf die kleinen und großen Dinge, die ihm in den Weg kommen.

In einer Nacht beschloß ich, das Kapitel über das Staunen zu schreiben, um Ihnen zu sagen, welch ein Glück darin versteckt liegt. Am Morgen brachte der Postbote mir ein Buch, das mein Freund, der Verleger Herwart von Guillaume, mir sandte. Es war von Hans Tesch: „Das Tagebuch des Markus L.... Aufzeichnungen eines Gottsuchers.“ Ich habe es in einem Zuge gelesen, obwohl man solche Bücher auf seinen Nachttisch legen und sie langsam, bedächtig auskosten sollte. Aber das werde ich noch tun. Und einige Stunden später wollte ich ein Buch in ein überfülltes Regal einordnen. Ich stieß auf ein Hindernis und fand dahinter ein kleines verstaubtes Bändchen, eine alte Ausgabe von Maurice Maeterlincks „Über die innere Schönheit“, ein inzwischen leider längst vergessenes Buch. Ich wußte nicht einmal, daß ich es über die Bombenzeit hinweggerettet hatte. Das Staunen und die Freude, daß es mir gerade jetzt in die Hand fiel, war groß. Ich holte tief Atem und dankte.

Aber nur der Staunende erhält solche unerwarteten und bedeutungsvollen Geschenke. Der Blasierte wird nicht beschenkt, für ihn ist alles erklärbar und selbstverständlich.

Es ist ein wunderbares Erlebnis, einem Menschen zu begegnen, der staunt und sich freut, und es ist besonders schön, wenn dieser Mensch betagt ist. Wie beginnt sein Antlitz zu leuchten, beginnen seine Augen zu glänzen, und seine Gebärden werden jugendlich. Weil er zu staunen vermag, ist er jung!

Das Schenken bereitet dem Schenkenden und dem Beschenkten Freude, so müßte es sein. Wenn einer über das Geschenk staunt und seiner Freude Ausdruck gibt, dann wird der Schenkende beschenkt. Wie trostlos wird das Schenken, wenn der Beschenkte, sei es aus Verlegenheit oder aus Herzlosigkeit, keine Freude bezeigt! Staunen wir doch darüber, daß das Leben uns immerfort beschenkt! Wie reich werden wir durch diese Erlebnisfähigkeit!

MEHR LIEBEN

Liebe ist der große Motor, der die Welt bewegt. Ohne Liebe ist sie zum Tode verdammt. Alles Leben ist mit der Liebe aufs engste verknüpft. Sie ist eine unversiegbare Kraft. Die Liebe der Eltern half uns in unserer Kindheit zum Leben, und sie begleitet uns bis in unsere späten Tage. Und auch wir begleiten in Liebe und Fürsorge das Sein unserer Kinder, Enkel und Freunde.

Unsere christliche Religion stellt die Liebe an die erste Stelle. Die Lehre Christi ist ein einziges Gebot zu lieben. Der Apostel Paulus sagt im 1. Brief an die Korinther: „Wenn ich mit Menschen- und mit Engelszungen redete, und hätte der Liebe nicht, so wäre ich ein tönend Erz oder eine klingende Schelle ... Die Liebe ist langmütig und freundlich, sie eifert nicht, sie treibt nicht Mutwillen, sie blähet sich nicht, sie sucht nicht das Ihre, sie läßt sich nicht erbittern, sie trachtet nicht nach Schaden. Sie freut sich nicht der Ungerechtigkeit, sie freuet sich aber der Wahrheit. Sie verträgt alles, sie glaubt alles, sie hofft alles, sie duldet alles. Die Liebe höret nimmer auf, so doch die Weissagungen aufhören werden, und die Sprachen aufhören werden, und die Erkenntnis aufhören wird. Denn unser Wissen ist Stückwerk, und unser Weissagen ist Stückwerk. Wenn aber kommen wird das Vollkommene, so wird das Stückwerk aufhören. Da ich ein Kind war, da redete ich wie ein Kind und war klug wie ein Kind und hatte kindische

Anschläge. Da ich aber ein Mann wurde, tat ich ab, was kindisch war. Wir sehen jetzt durch einen Spiegel in einem dunklen Wort, dann aber von Angesicht zu Angesicht. Jetzt erkenne ich es stückweise, dann aber werde ich es erkennen, gleich wie ich erkannt worden bin. Nun aber bleibt Glaube, Hoffnung, Liebe, diese drei, aber die Liebe ist die größte unter ihnen."

Jeder von uns weiß um dieses Gebot, aber lieben wir wirklich genug? Haben wir genug geliebt, oder ist uns diese schönste Gabe aus der Herzenskammer und durch die Finger geglitten? Gewiß, wir liebten unsere Eltern und einige nahe Menschen. Aber ist nicht bei vielen von uns schon in früher Kindheit, in dem Streben nach Verselbständigung, in der Opposition gegen die Großen das Vertrauen, der Glaube an ihre beschützende Macht — die Liebe — einer Entfremdung gewichen? Wie viele von uns haben sich von den Eltern abgewandt, selbstverständlich in der Meinung, daß sie uns nicht richtig erzogen hätten, daß sie mit ihrer Affenliebe nicht so sehr uns als sich selbst meinten!

Dadurch wurden wir aber um eine wichtige Liebesbeziehung ärmer. Wir versuchten wohl, selbst Beziehungen anzuknüpfen, Freundschaften und Liebesbeziehungen. Wir entbrannten in Liebe, wir warfen sie mit aller Macht auf einen Menschen, von dem wir glaubten, daß er uns vom Schicksal ausersehen sei. Hatten wir wirklich die Geduld und die Duldsamkeit, die Ausdauer und die Kraft, mit dieser Liebe eine wunderbare, harmonische, geheiligte Zweisamkeit aufzubauen? Wie schnell und wie schmerzhaft ist oft eine solche Bindung, die für die Ewigkeit gedacht war, verflogen!

Wie sehen unsere Ehen aus, die von der Kirche sanktioniert, vom Priester gesegnet wurden? Wen haben wir wirklich geliebt, uns oder den Partner? Heute gibt es in jeder modernen Wohnung bei der Heizungsanlage einen Regulator, der dafür sorgt, daß im Zimmer immer die gleiche gewünschte Temperatur herrscht. Gewiß, unsere Persönlichkeit ist technisch nicht so angelegt; aber hatten wir nicht lange genug Zeit, in uns einen solchen Regulator einzubauen, uns dazu zu erziehen? Die Temperatur in unseren Zimmern hat vielleicht gestimmt; hat aber die Atmosphäre, die wir erzeugten, gestimmt? Wurde sie nicht durch kindische Launen, Aggressionen, Zanksucht, Eifersucht, Mißtrauen, Unachtsamkeit vergiftet — so lange vergiftet, bis von der ursprünglichen Liebe, die für die Lebensdauer gedacht war, nur noch ein zerschlissenes Gewebe übrigblieb?

Und was haben wir mit unseren Kindern gemacht? Wir haben sie gehegt und gepflegt; vielleicht verwöhnten wir sie zu sehr oder waren zu streng. Wir wollten sie zu Menschen erziehen; aber haben wir sie mit der Zeit nicht überdressiert? Haben wir ihnen etwa unseren starken, erwachsenen, besserwissenden Willen so weit aufgeprägt, daß sie willenlose Gehorchautomaten wurden oder daß sie in haßerfüllter Auflehnung von uns fortstrebten? War das die Liebe, die Christus von uns fordert?

Waren nicht alle Triebe in uns stärker als die Liebe? Haben wir nicht, wie dies oft geschieht, die

Schwiegertochter als die Räuberin unseres Sohnes und den Schwiegersohn als den Verführer und Entführer unserer Tochter betrachtet? Haben wir sie in ehrlicher Liebe aufgenommen, oder haben wir sie verfolgt mit Mißtrauen und abwertender Kritik? Und doch hatte unser Sohn oder unsere Tochter diesen Menschen auserwählt. Je weniger wir bereit waren, den Partner unseres Kindes in unseren Familienkreis aufzunehmen, um so mehr schwand die gegenseitige Liebe und um so größer wurde die Entfremdung. Und doch waren es unsere Kinder, für die wir ursprünglich bereit waren, alles, inklusive unser Leben, zu opfern!

Eine Art der Liebe ist beständig geblieben und vielleicht mit den Jahren noch gewachsen, die Liebe zu uns selbst. Die Liebesfähigkeit hat mit den zunehmenden Jahren sich nicht vergrößert, sie ist vielmehr allmählich versiegt. Wie viele einsame alte Menschen kommen zu mir und klagen, daß sie keinen Menschen mehr hätten. Ich staune. „Es gibt drei Milliarden von unseresgleichen, und Sie sagen, es gibt keinen Menschen!" Und dann kommt heraus, daß niemand mehr sich um sie kümmert und niemand sie liebt. Wenn ich dann aber eindringlich frage: wen sie oder er denn liebe, dann gibt es ein betretenes Schweigen, oder es kommen so dumme Antworten wie: „Die Freunde sind alle schon tot." — „Ja, aber die Menschen wachsen doch nach!"

Die Menschen und die Tiere spüren genau, bei welchen Menschen noch Liebesfähigkeit vorhanden ist. Da, wo dies zutrifft, hat sie eine anziehende Kraft, da fühlt man sich zu ihnen hingezogen, geborgen und verstanden.

Heute sagte mir mein kleiner sechsjähriger Patient Martin mit verklärten Augen: „Ich heirate Tante Marta!“ Seine Großmutter belehrte mich: Tante Marta sei eine sechsundachtzigjährige Nachbarin. Als sie meinte, sie wäre doch wohl zu alt für Martin, da sagte er: „Das macht nichts, ich werde auch älter!“ Wie mag wohl Tante Marta sein? Sicher ist, daß sie eine freundliche und liebende Frau ist, so daß ein Junge sie ohne Ansehen des Alters heiraten möchte.

Es soll niemand sagen, er wisse nicht, wie man liebe und wo man Menschen finde, die liebenswert sind, und er soll nicht wie ein Tiger drauflosgehen, um sich ein Opfer für seine Liebe zu suchen. Man darf auch nicht sagen, wie es häufig geschieht, man sei so oft im Leben enttäuscht worden, daß man nicht gewillt sei, neue Enttäuschungen auf sich zu nehmen. Warum wird man enttäuscht? Das sagt schon das seltsame Wort. Man täuscht sich und wird ent-täuscht, also der Wirklichkeit wieder zugeführt. Man hat seine Wünsche und Gelüste auf einen anderen projiziert, man sah ihn nicht, wie er ist, sondern wie man ihn sehen wollte. Merkt man, daß das Objekt nicht dem Wunschbild entspricht, dann läßt man seine Liebe fallen, und wenn so etwas öfters geschieht, dann liebt man schließlich nur noch sich selbst.

Ich werde Tag für Tag in der Begegnung mit Patienten von zwei Erfahrungen überwältigt: Die eine ist die Begegnung mit liebesunfähigen Menschen, die verhärtet, unfreundlich, selbstbezogen und gnadenlos sind. Sie klagen über die Schlechtigkeit der Welt und sehen überall Böses, weil sie selbst böse sind. Auf der anderen Seite begegne ich Liebenden und möchte vor jedem von ihnen in Ehrfurcht und Dankbarkeit niederknien. Eltern mit verkrüppelten, mit geistesschwachen Kindern, Ehepartner mit blinden, gelähmten Männern oder Frauen. Mit wieviel Fürsorge und Rücksicht betreuen sie den anderen, geben sie all ihre Zeit und Kraft für ihn hin, ohne zu klagen und mit dem Schicksal zu hadern. Sie sind wirklich Heilige, und es ist gut, daß es sie gibt.

Wer früh lieben gelernt hat, der wird es auch bis ins hohe Alter nicht verlernen. Und wer nur sich selbst geliebt hat, dem wird es schwer fallen, es neu, Schritt für Schritt, zu lernen. Solche Menschen finden immer Ausflüchte.

Ich kannte eine Frau, die durch ihren Egoismus und ihre Selbstbezogenheit die ganze Familie tyrannisierte. Ihr Mann und ihr Kind strebten immer aus dem Haus. Der Mann starb früh und plötzlich. Dann hörte ich sie erzählen, welch glückliche Ehe sie geführt hätten. Rückblickend wird die Erinnerung vergoldet und für die anderen zurechtfrisiert. — Eine andere Patientin beklagte sich mit recht unfreundlichen Worten über ihren Mann, er sei ein Schwein, ein Egoist und ein Scheinheiliger. Ich fragte sie, wie denn seine Kollegen zu ihm stünden, und erfuhr, daß er von allen geachtet werde, „weil er sich gut verstellen kann". Das nahm ich ihr nicht ab und wußte, daß es ihre Lieblosigkeit war, die sie ihren Mann in so schwarzen Farben sehen ließ. Dann starb er. Sie kam in tiefer Trauer, weinte herzzerreißend und behauptete, er sei der beste Mann der Welt gewesen.

Ein Mensch kann noch so verhärtet sein, wenn er innerlich begreift, daß er selbst an seiner Einsamkeit schuld ist, dann kann er noch etwas für sich tun. Er kann versuchen, ein Loch in die steinerne Wand seines Herzens zu brechen, und in die Welt hinausschauen. Ich denke an eine unliebsame Begegnung. Eine verhärtete Frau kam in die Sprechstunde. Es schrie aus ihr: „Ich brauche Liebe!“ Sie hatte genug von Tiefenpsychologie aufgeschnappt, um zu wissen, daß ihre Eltern an ihrem Unglück schuld seien. Sie habe nicht genug Liebe erfahren. Als ich sie fragte, wen sie denn liebe, da starrte sie mich fassungslos an. Ja, sie seien alle gestorben, die sie geliebt habe. Aber sie könnte doch immer wieder lieben, bemerkte ich. Ich erklärte ihr, daß sie statt immer auf Liebe zu warten, die man ihr entgegenbringen sollte, doch selber lieben könnte. Sie war über mein Ansinnen sichtlich empört. Ich ließ nicht locker und meinte, sie könne doch zum Beispiel im Haus, in dem sie wohne, sich als Babysitter anbieten, oder noch älteren Menschen, als sie sei, den Einkauf machen oder sonst Hilfe leisten. Sie ging weg und ich spürte, daß es nicht gerade das war, was sie von einem Arzt erwartet hatte. Sie kam wiederholt wieder, aber ich blieb bei meinen Forderungen. Und eines Tages hatte sie sich überwunden. Sie kam strahlend zu mir und berichtete, daß sie wirklich bei einem Baby gewacht habe. Das Kind habe sie an sich gedrückt und „Tante“ zu ihr gesagt. Und am nächsten Morgen seien die Eltern gekommen und hätten ihr einen Blumenstrauß gebracht; das sei ihr im ganzen Leben noch nicht passiert. Da wußte ich, daß sie auf dem Wege war, das Lieben zu lernen.

Es ist ein lebenslanger Weg, das Lieben, und immer muß man sich selbst dabei aus dem Wege räumen: „Geh weg, du bist nicht gemeint!" — weil man in die Gefahr gerät, sich selbst wunderbar zu finden, sich zu bewundern — dann ist alle Liebesmüh' nicht mehr als eine Seifenblase.

Ich hatte am Ende des Krieges unter dem Eindruck der vielen zurückkehrenden jungen Soldaten, die ihre Eltern verloren hatten oder nicht wiederfinden konnten, eine Aktion gestartet, sie nannte sich „Eltern für elternlose Söhne". Ich bekam viele Zuschriften, und es gelang mir, einige junge Männer in Familien unterzubringen. Aber was habe ich da alles erlebt! Die „Eltern" schrieben mir vor, wie der „Sohn" aussehen müsse, blond und blaue Augen, wie groß und wie wohlerzogen, und freundlich und vor allen Dingen dankbar, und rauchen und trinken dürfe er auch nicht. Mich packte das Grauen vor der Lieblosigkeit der „liebenden Eltern", und ich habe es natürlich gar nicht gewagt, solchen Egoisten einen Sohn zu vermitteln. Nur eine alte Frau schrieb: „Es ist egal, wie er ist, und wenn er ein Krüppel ist, er soll es gut bei mir haben!"

Die Dankbarkeit, die wir für jede gute Tat verlangen, ist der Knüppel, mit dem wir die Liebe totschlagen. Natürlich muß man dankbar sein für alles, und der, welcher zu danken versteht, beschenkt den

Schenkenden. Aber ein Geben, das des Dankes wegen geschieht, ist kein rechtes Geben.

Wir brauchen unser Herz bis zum letzten Atemzug. Ein Herz, in dem keine Liebe wohnt, ist kalt und tot. Das liebende Herz lebt und schlägt und erfüllt Leib und Seele mit Wärme.

Dostojewski läßt in dem Buch „Die Brüder Karamasoff" den Starez Sossima zu Aljoscha sagen: „Entscheide dich immer für die Liebe. Wenn du dich ein für allemal dafür entschieden hast, so wirst du die ganze Welt bezwingen. Die dienende Liebe ist eine ungeheure Kraft, und ihresgleichen gibt es nicht!"

WIR SIND GÄSTE

Wir werden uns viel zu selten dessen bewußt, daß wir Gäste auf dieser Erde sind. Ohne unseren ausdrücklichen Willen werden wir hier hineingeboren in einen Palast, eine Hütte, eine Etagenwohnung, ein Siedlungshaus oder gar in ein Zelt. Wir sind nackt, bloß und hilflos. Und irgendwann, auch ohne unseren Willen, werden wir wieder aus diesem Leben abberufen, und wir lassen alles, was wir erworben haben und besitzen, hinter uns. Diese kurze oder lange Zeitspanne sind wir auf der Erde zu Gast. Mit der Zeit schaffen wir uns durch Fleiß und Arbeit alles mögliche an und betrachten es als unser Eigentum. Aber dann kommt ein Krieg, eine Revolution, ein Sturm, ein Erdbeben, eine Überschwemmung, und wir werden in Sekundenschnelle alles wieder los. In solchen Situationen wird uns bewußt, wie unwirklich Wirkliches sein kann. Wir verlieren die liebsten Menschen und werden gewahr, daß wir mit uns allein bleiben, mit unserer Erinnerung, mit dem, was wir aus unserer Person gemacht haben, und mit unserem Glauben. Denn solche Erlebnisse geben uns deutlich kund, wie wenig wir mit unserem Willen allein auszurichten vermögen, und dann wenden wir uns mit unseren Bitten dem großen unbekannten Wesen zu, das wir Gott nennen. Ein Patient sagte zu mir: „In der schrecklichen Not der Gefangenschaft, in der Demütigung, dem Hunger, der Kälte, der Verlassenheit, der Ungewißheit des Überlebens und der

Rückkehr, da lernt man beten, da habe ich Atheisten und Kommunisten beten sehen."

Es wäre gut, wenn wir unser Hiersein als ein Gastsein betrachten würden; das würde unsere Haltung zum Leben, zu unserem Besitz, zu uns selber und zu den Mitmenschen grundlegend verändern. Wieso das? Überlegen wir, wie wir uns verhalten, wenn wir selbst Gäste oder Gastgeber sind. Der Gastgeber bereitet sich auf seinen Besuch sorgfältig vor. Er putzt und schmückt seine Wohnung, er deckt festlich den Tisch, er kauft die besten Speisen und Weine ein. Es muß alles feierlich aussehen und gut schmecken. Dann zieht er sich festlich an. Alles ist ein Ausnahmezustand. Es kostet viel Mühe, und manche Hausfrauen fürchten sich vor Gästen, weil sie unsicher sind, ob ihnen wohl alles auch recht gelingen wird.

Der Mensch als Gastgeber ist ein anderer als der Alltagsmensch, er ist froher und gehobener Stimmung. Vergleichen wir seinen Alltag! Natürlich ist er darauf bedacht, sich ordentlich zu kleiden und sich sauber zu halten, er reinigt auch seine Wohnung; aber im Kreise der Familie kommt es denn doch nicht so genau darauf an; man deckt den Tisch irgendwie, man kocht weniger sorgfältig, man nimmt nicht das schönste Geschirr und stellt auch keine Blumen auf den Tisch, und was noch viel schlimmer ist, man zeigt seinen Nächsten nicht sein Sonntagsgesicht. Man hält es nicht für unbedingt nötig, freundlich, zuvorkommend, höflich zu sein. Man sieht diese Menschen ja sowieso jeden Tag. Also braucht man sich nicht anzustrengen.

Durch dieses unterschiedliche Verhalten entgeht uns sehr viel Freude im Leben. Stellen wir uns doch vor, in welcher Hochstimmung wir sind, wenn wir Gäste erwarten oder empfangen. Wir sind schon vorher aufgeregt, und wie freuen wir uns, wenn unsere Gäste froh sind und die guten Speisen, die Gemütlichkeit der Wohnung und die interessanten Gespräche genießen! Solche Empfänge gehören zu den unvergeßlichen Höhepunkten unseres Lebens. Das Gleiche geschieht mit uns, wenn wir zu Gast sind. Wir sind ein ganz anderer Mensch, wir kennen uns im Spiegel kaum wieder, im besseren Kleid, in der vom Friseur soeben zurechtgemachten Haartracht, wir halten uns ganz anders, wir bemühen uns gewählt zu sprechen — nebenbei bemerkt, es kann auch albern wirken, wenn wir uns unnatürlich aufspielen —, unsere Bewegungen sind ruhiger und gewichtiger. Wir sind bereit, unsere Gastgeber und die anderen Gäste nett zu finden, wir fühlen uns in Gesellschaft von besonders interessanten, bedeutenden oder berühmten Menschen erhöht und geachtet, und meist finden wir, wenn wir uns gut unterhalten haben, daß es ein schönes Erlebnis war, und es entsteht in uns der dringende Wunsch nach einer baldigen Wiederholung.

Es wird uns Gelegenheit geboten, zu sehen und zu erleben, wie andere Menschen leben, wie sie ihre Wohnung einrichten, wie sie kochen, wie sie denken und wie sie sich benehmen. Wir vergleichen das mit unserer Lebensart, und wir nehmen uns vor, dies oder jenes bei uns anders zu machen. Solche Begegnungen sind voll von Anregungen, und wir sind bereit, einiges zu übernehmen; wie ein anderer spricht oder sich bewegt, wie er sich anzieht, wie er die Blumen arrangiert, wie er den Tisch deckt, welche Menschen er zusammen einlädt, was er liest. So werden wir, je mehr uns solche Begegnungen zuteil werden, reicher und weltoffener, sicherer und gelockerter, bis wir ganz und gar die Angst vor unbekannten Situationen und Menschen verlieren und selbst als sichere, gastliche Hausherrn oder Gäste auftreten können.

Wenn ich das hier so anziehend schildere, so meine ich nicht, daß es das Ziel des Menschen sei, ein begehrter, beliebter oder gefürchteter Salonlöwe zu werden, der sich möglichst auf jeder Cocktailparty Plattfüße ersteht. Was ich meine, ist: wenn wir in dem Bewußtsein lebten, Gäste dieser Erde zu sein, könnten wir unser Dasein sehr viel schöner und farbiger gestalten. Stellen wir uns doch vor, wir würden aus solcher Gesinnung jeden Tag unsere Wohnung für den heimkehrenden Mann — oder Ehefrau oder Kinder — schmücken, etwas besonders Gutes kochen, den Tisch hübsch decken, Blumen auf den Tisch stellen, uns selbst schmuck machen und ein freundliches und zuvorkommendes Wesen an den Tag legen. Glauben Sie, daß Ihr Partner es dann wagen würde, schlecht gelaunt, mürrisch, unfreundlich zu bleiben? Er würde sich nach anfänglichem Staunen der neuen Situation anpassen und mit Höflichkeit reagieren. Vielleicht würde er sich dazu aufraffen, Ihnen Blumen oder Konfekt mitzubringen außerhalb des Geburts- oder Muttertages. Und mit der Zeit würde statt der leider gewohnten Gereiztheit, dem unfreundlichen Ton, dem Alltagsschlendrian mit einem Schuß Unordnung und gegenseitiger Gleichgültigkeit eine harmonische, warmherzige Atmosphäre in ihr Haus einziehen, und der Mann oder die Kinder würden sich sogar freuen heimzukommen. Woher kommt denn die berühmte Hausflucht der Kinder und der Ehepartner, die es oft eilig haben, in den Fußball-, Gesangsverein, Skatklub, in karitative Veranstaltungen und was noch mehr zu entfliehen? Es ist eine Flucht aus einem nicht warmen Zuhause, wobei nicht die Sauberkeit und Adrettheit, sondern die innere Atmosphäre gemeint ist. Manche Putzteufel verjagen ihre Angehörigen gerade mit ihrem Ordnungs- und Sauberkeitsfimmel.

Auch der Mensch, der allein ist, darf sich bei sich daheim als Gast fühlen. Wieviele, besonders ältere Menschen, sagen mir, daß sie nicht richtig kochen mögen, es sei langweilig für sich allein zu kochen und abzuwaschen. Warum ist es lästig? Wenn ich mich selbst achte, dann freue ich mich, mir etwas Gutes anzutun. Dann freue ich mich der Zubereitung der Speisen und des nett gedeckten Tisches, und ich stelle mir einige Blümchen in die Vase. Sagen Sie nicht, die Blumen seien zu teuer. Überall findet man einen Zweig oder einige Gräser oder einen Tannenzweig, und alles Grünende ist schön. Der Mensch, der in der Einsamkeit oder Zweisamkeit oder gar in der Familie sich gehen läßt, der fängt an zu verkommen. Er hört auf, sich zu pflegen und zu schmücken, er läßt auch seine Gedanken und seine Sprache schleifen, und dann wundert er sich, daß ihm niemand mehr begegnen will.

Manchmal begegnet man Menschen, die man als vornehm bezeichnet. Es müssen nicht immer Prinzen oder Adelige oder Leute aus alter Patrizierfamilie sein. Man trifft die Vornehmheit auch bei ganz einfachen Menschen. Wir spüren diese Eigenschaft sofort, sie ist achtunggebietend. Wir nehmen uns vor einem solchen Menschen zusammen. Was ist es, das ihn anders erscheinen läßt als die anderen, was ihn auszeichnet? Es ist seine Geisteshaltung. Er hat im Laufe seines Lebens das Gefühl des Gastseins in sich erzeugt und gefestigt. Diese Haltung strahlt durch sein ganzes Sein. Er ist weit davon entfernt, schlechte Launen zu haben, geschweige denn sie an anderen auszulassen. Seine gleichbleibende Freundlichkeit, Zuvorkommenheit, Rücksicht sind echt. Er drängt sich nicht in den Vordergrund, er ist nicht begierig, sofort von seinen Krankheiten und Gebrechen oder von seinen Erfolgen zu erzählen. Er ist bescheiden und zurückhaltend und hat keine Angst, daß er darum etwa nicht beachtet wird. Wir fragen uns: wo liegt das Geheimnis seines Soseins, wie erreicht er es, daß ihn alle lieben und seine Nähe suchen? Es ist nichts anderes, als daß ein solcher Mensch bewußt und fortwährend an sich arbeitet, daß er Achtung hat vor den anderen; sie spüren es und fühlen sich von ihm verstanden und gehoben. Er hat aber auch Achtung vor sich selbst und würde es als eine Verfehlung ansehen, sich selbst gehen zu lassen oder zu vernachlässigen. Sehen Sie sich seine Behausung an.

Man spürt, ob er arm ist oder reich, daß er sich darin wohlfühlen kann und daß alles, was ihn umgibt, schön ist und seine seelische Harmonie widerstrahlt.

Was aber der eine kann, das kann der andere auch, wenn er aus ähnlichem Impuls oder Bewußtsein zu leben vermag. Werden wir, was wir sind, Gäste auf dieser Erde, dann wird unser Leben einen besonderen Glanz erhalten. Was den Gast vor allem kennzeichnet: er ist sich der Vergänglichkeit seines Zustands bewußt. Man geht für einige Stunden oder Tage zu jemandem, und man verläßt ihn mit einigem Bedauern und mit Dankbarkeit. Aber das Erlebnis bleibt in der Seele als einer der Höhepunkte des Daseins haften. Es ist in diesem Zustand also etwas vom Loslassen drin. Wir aber neigen zum Festhalten, zum Besitzergreifen; doch in Wirklichkeit sind wir nicht die Besitzer, sondern bestenfalls die Verwalter der Dinge, die uns anvertraut sind.

Als Gäste lernen wir es, loszulassen, und je älter wir werden, zu um so mehr Loslassen werden wir durch das Leben gezwungen. Wir lassen unsere eigene Jugend zurück, wir verlieren unsere Freunde und Angehörigen, die heimgerufen werden, und allmählich werden uns auch die vielen erworbenen oder ererbten Dinge zur Last, und dennoch ist es manchmal eine Tragödie, wenn wir uns von ihnen trennen sollen. Aber am Ende des Lebens steht die Trennung von allem, von Besitz und schließlich von uns selbst. Ein Gast weiß um sein Gastsein und um die Begrenztheit seiner Zeit, und er wird sich aus solcher Gesinnung auch dem Tode gegenüber offen zeigen.

EINSAMKEIT, DER WEG NACH INNEN

In unserer Vorstellung verbinden wir zu Unrecht Altwerden mit Einsamkeit. Es braucht nicht so zu sein. In den großen Familien von anno dazumal waren die alten Menschen nicht einsam, sie lebten in der Gemeinsamkeit eines bäuerlichen oder städtischen Anwesens, es war Raum für alle da, und jeder hatte seinen festumgrenzten Wirkungskreis. Die Alten behüteten und erzogen die Kinder; sie kümmerten sich im Rahmen ihrer Rüstigkeit um Küche, Hof und Garten, sie bastelten, strickten, häkelten und nähten, und in diesem natürlichen Rahmen blieben sie im tätigen Leben und brauchten nicht zu resignieren. Man sieht das noch auf dem Lande, wo Jung und Alt friedlich beisammen leben und wo der alte genauso unentbehrlich ist wie der rüstige Mensch.

Sicherlich wird mit dem Nachlassen der Kräfte der zugemessene Aufgabenbereich kleiner, aber das geht allmählich und unmerklich vor sich; und nun bleibt noch genug Zeit und Muße zur Beschaulichkeit und zur Vorbereitung auf den Tod, der in diesen Bereichen noch genau so natürlich und selbstverständlich ist wie das Leben.

Der Priester besucht einen, nimmt die Beichte ab, gibt die Kommunion und die Ölung, und alles ist offen und klar, es gibt kein Bedauern und krampfhaftes Sich-Festhalten. Ich war in Ranerding, wo ich ein Ferienhaus habe, tief ergriffen, als ich die sterbende Frau Aigner besuchte. Sie begrüßte mich und sagte:

„Ich mache mich auf, auf die große Reise.“ Es war ein unpathetischer Ausspruch, und so starb sie auch langsam und allmählich in großer Würde. Tagsüber arbeiteten ihre Kinder und Kindeskinder und sie lag allein da; ab und zu kamen Nachbarn nach ihr zu schauen. Und alles, was nach dem Tode folgte, war ernst und ohne Hast, ohne Klagen und Geschwätz. Der Ritus der Totenmesse und der Beerdigung gehörte zum Leben.

Bei einem anderen Todesfall in der Nachbarschaft gingen meine beiden jungen Freunde Erwin und Herbert, elf und dreizehn Jahre, unaufgefordert zum Toten, um für ihn zu beten. Sie standen ernst und ohne Furcht am Bettende und beteten für den Frieden seiner Seele. Ich war tief davon ergriffen, sind doch in der Stadt solche großartigen Bräuche und solch ernste und würdige Haltung dem Tode gegenüber verlorengegangen.

In einer chinesischen oder japanischen Großfamilie kann man sich einen Haushalt ohne den Vorsitz der Alten gar nicht denken; sie sind die verehrungswürdigen Ahnen, und je älter sie werden, um so mehr Gewicht bekommen sie als die Vorsteher der Gemeinschaft. Können sie in diesem Zustand der Achtung einsam sein? In unserer Zivilisation verändern sich die Lebensbräuche sehr schnell. Die jungen Eheleute wollen in ihrer Zweisamkeit allein miteinander sein. Bei der mangelnden Reife und Distanz der Eltern und der mangelnden Ehrfurcht der Kinder gestaltet sich ein Zusammensein nicht selten zu einer ausgesprochenen Hölle. Also trennt man sich tunlichst. Da aber die Älteren und die Kinder sich nicht nur räumlich, sondern auch geistig voneinander entfernen, kommt es leider in vielen Fällen zu einer Entfremdung. Man ist sich feindlich gesinnt oder hat sich gegenseitig nichts mehr zu sagen. Das ist ein trauriges Geschehen. Denn die jungen Ehepaare, die sich mit ihren Eltern entzweien, wären tief entsetzt, wenn man ihnen sagte, daß sie sich demnächst mit ihren geliebten Kindern in ähnlicher Weise entzweien werden. Erfahrungsgemäß wiederholt sich ein solches Fehlverhalten. So werden die unreifen Großeltern, denen man oft auch die Möglichkeit nimmt, mit ihren Enkeln zu verkehren, beraubt ihres eigenen Klans, einsam. Sie, die Ahnen, schneiden selber den Faden durch, der sie mit ihren Ahnen und mit ihren Nachkommen verbindet. Damit versagen sie und reißen die Kette der Generationen entzwei.

Nicht nur der alleinstehende Mensch ist oft einsam. Man kann auch in einer Gemeinschaft vereinsamen. Inmitten des Weltgetriebes, in einer Familie, in der die Angehörigen nicht mehr zu einem Gespräch miteinander kommen, gibt es Einsame — einsame Kinder und einsame Ehepartner. Dieses Phänomen ist in einer Gesellschaft, in der die Menschen nicht mehr zur Reife gelangen, ungewöhnlich häufig. Die Menschen werden auf Grund ihres Auf-Sich-Selbst-Zurückgeworfenseins mit den Mitmenschen und mit dem Leben nicht fertig, sie werden neurotisch, ichbezogen und ecken überall an. Wenn Ehepartner, Eltern oder Kinder Neurotiker sind, so machen sie sich selbst und den anderen das Leben zur Hölle.

Aber auch alte Ehepartner können ohne innere Beziehung nebeneinander herleben, ohne Liebe, ohne Wärme. Dann sind auch sie einsam, weil sie nicht mehr miteinander und füreinander leben.

Geschieht es, daß ein Partner vor dem anderen durch das große Tor gehen muß, dann bleibt der andere allein; nach einem jahrzehntelangen gemeinsamen Leben ist er wie halbiert. Alles wurde miteinander gelebt und getan, alles wurde miteinander geteilt, und plötzlich ist die andere Hälfte nicht mehr da. Es bedarf einer großen Kraft der Anpassung, der Weisheit und Gelassenheit, um über diese schwerste Lebenswende hinwegzukommen. Auch hier hängt es von der Person ab, wie sie das Erlebnis verarbeitet. Viele resignieren, verbittern, betrachten den natürlichen Vorgang des Sterbens als ein Unrecht, das ihnen persönlich zugefügt wurde, während sich andere in dies Geschick mit einer Heiterkeit und einem Gleichmut fügen, die bewundernswert sind. So schrieb mir eine alte Freundin, Margarita Olson, die nach einer vierzigjährigen Ehe ihren Mann verlor: „Ich bin heiter und gelassen und trau're nicht; denn ich weiß, daß er in einem glücklicheren neuen Leben steht. Ich fühle mich ihm nahe und bin in seiner großen Liebe, die er mir immer schenkte, geborgen.“ — Welch eine Seelenkraft liegt in einer solchen Haltung!

In der Großstadt werden besonders schwierige Anforderungen an das Altwerden gestellt. Naturgemäß wird man in seinem Tätigkeitsbereich und in seinen Beziehungen eingeengt. Man vermag nicht mehr große Strecken mit den Verkehrsmitteln zurückzulegen, man kann nicht mehr so viele Menschen sehen, man ermüdet schneller, man wird schwerhörig und bekommt im Gespräch nicht jedes Wort mit. Man muß seine größere Wohnung aufgeben und zieht in ein Heim. Das sind alles schwerwiegende Veränderungen. Die alten Freunde und Verwandten sterben, andere ziehen weg oder sind selbst alt und nicht mehr begegnungsfreudig. Man ist auch nicht mehr bereit, so schnell wie früher neue Freundschaften zu schließen. So kommt es, daß man mehr und mehr auf sich selbst zurückgeworfen ist.

Nun entsteht das Problem: Wie wird man mit der Einsamkeit fertig? Es ist oft eine neue Situation, in der man keine Erfahrung hat.

Aber stellen wir vielleicht eine andere Frage. *Muß* ein alter Mensch vereinsamen? Und wenn, ist das schicksalsgewollt oder ist er selbst daran schuld? Es sind doch gar nicht alle alten oder älteren Menschen einsam! Betrachten wir einmal solche, die es nicht sind. Haben sie nur Glück, oder haben sie etwas dazu beigetragen, daß man ihre Gesellschaft sucht, daß man sie liebt und verehrt?

Da ist die Witwe des Malers August Macke und von Lothar Erdmann, den man im KZ zu Tode gemartert hat, Elisabeth Macke-Erdmann; sie ist über achtzig, eine grazile, lebendige Frau. Seit Jahren trägt sie wegen Kehlkopflähmung eine Kanüle, sie kann schlecht sprechen und atmet schwer. Ich kenne sie seit langem, sie hat furchtbare Schicksalsschläge erlitten. Ihr erster Mann, der Maler August Macke, fiel im Ersten Weltkrieg, sie blieb mit zwei kleinen

Söhnen zurück. Der ungewöhnlich begabte Sohn Walter starb siebzehnjährig. Ihr zweiter Mann wurde von den Nazis bestialisch umgebracht; zu der Zeit waren noch vier Kinder ungesichert und in Ausbildung. Sie wurden total ausgebombt. Gut, Schicksale wie bei Tausenden. — Ich habe sie nie über ihr Geschick klagen hören. Sie hatte auch keine Zeit dazu, denn sie mußte für ihre Familie sorgen. Ich habe aber auch nie gehört, daß sie sich in den Vordergrund schob, sich interessant machte, von sich erzählte. Sie hat nie an ihren Kindern herumerzogen, und sie sind ihr darum bis heute treu geblieben. Ihre Enkel lieben sie auch. Sie wohnt noch im Atelierzimmer ihres Mannes, früher bewohnte sie das ganze Haus; und sie schreibt, sieht Menschen und wird eingeladen und hat bis ins hohe Alter ein erfülltes Leben. Es ist ihr nichts in den Schoß gefallen und nichts geschenkt worden.

Da war Tante Nina, Baronin Osten Sacken; sie kam aus Rußland mit einem kleinen Köfferchen; ihr Mann war ein hoher Beamter der Justiz gewesen, er konnte hier keine Arbeit finden. Sie lebten von der kleinen Sozialunterstützung. Tante Nina ist fast neunzig Jahre alt geworden. Wenige Monate vor ihrem Tode besuchte sie noch alte Freundinnen und tröstete sie; sie las im Heim einer blinden Dame regelmäßig vor; sie war immer tätig und immer besorgt, Gutes zu tun, und alle liebten sie. Als ich sie zwei Tage vor ihrem Tod besuchte, fragte sie noch mit schwerer Zunge nach dem Ergehen der Freunde. Kein Laut der Klage, kein Selbstbedauern kam über ihre Lippen.

Die berühmte Malerin Hanna Höch, achtzig, lebt in einem kleinen Häuschen in Berlin-Heiligensee inmitten von herrlichen Blumen, die sie mit Liebe pflegt; und sie malt. Sie hat etwas vom Duft des Paradieses — diese Frau mit den gütigen, strahlenden Augen, die mit sich und der Welt im Einklang ist und die noch die schöpferische Kraft hat, ihre inneren Bilder auf der Leinwand zu gestalten. Wenn man sie fragte, ob sie einsam sei, würde sie erstaunt sagen: „Wieso, was ist das?“ — Ein Mensch braucht nicht einsam zu sein mit sich selbst.

Nahebei wohnt der Urtyp einer Landärztin, Doktor Maria Klesse. Ihre Praxis hat sie inzwischen ihrer Tochter Renate übergeben. Aber sie hat nach einem langen Leben, das nur dem Dienst und der Hilfe für die Kranken gewidmet war, die Hände noch lange nicht in den Schoß gelegt. Da ist der Haushalt, der große Garten, der kleine Enkelsohn Christoph und die vielen alten Patienten, die sie um Rat fragen. Zudem freut sie sich, viel zu lesen und Vorträge zu besuchen, wozu sie während ihres tätigen Lebens keine Zeit hatte. Welche Güte und Reife geht von ihr aus!

Da ist mein Freund und verehrter Lehrmeister, Kraft Graf Henckel Donnersmarck, an der Schwelle der Achtzig. Er war einer der reichsten Magnaten in Oberschlesien. Er ist nicht nur mir ein lebendes Vorbild. Er wohnt in Rottach-Egern; aber er ist immer unterwegs, um Gutes zu tun. Dort besucht er ein gelähmtes junges Mädchen, da einen alten Freund, der einen Schlaganfall erlitten hat. Er nimmt grundsätzlich Anhalter in seinem Wagen mit, auch wenn sie, wie es heute vorkommt, nicht sehr gepflegt sind. Wenn er mit Menschen spricht, mit Jung oder Alt, so sieht es aus, als ob es keinen interessanteren Menschen auf dieser Welt gäbe als diesen. Und niemals spricht er von sich, geschweige denn von eigenen Problemen oder Krankheiten. Sogar wenn ich ihn als Arzt nach seiner Gesundheit frage, weicht er mir geschickt aus. Er kann sich vor Freunden nicht retten, denn jeder sucht seine Gesellschaft und geht reich beschenkt von ihm. Wenn man solchen Menschen begegnet, dann weiß man, wie wunderbar das Alter sein kann, und man bekommt Mut, ihm zu begegnen.

Warum sind aber so viele verbittert und einsam? Liegt es nicht daran, daß sie es nicht vermocht haben, frühzeitig reif zu werden, daß sie sich im Leben verhärtet haben, herrschsüchtig, unduldsam, rechthaberisch, mißtrauisch wurden? Ist es da ein Wunder, daß sie, statt wie ein Magnet Menschen anzuziehen, mit ihrem unfreundlichen und reizbaren Wesen sie abstoßen? Die Eltern, die sich ihren Kindern entfremden, zerschneiden zum zweiten Mal die Nabelschnur zwischen sich und dem Kind; nun ist es die geistige Nabelschnur zwischen den Generationen. Ein Kind hat immer das Bedürfnis, Eltern zu haben, Eltern und nicht Befehlshaber und Kritiker! Wenn wir es doch früh genug lernten, Freunde unserer Kinder zu sein und sie nicht unentwegt zu gängeln und zu erziehen! Daß wir Distanz zu ihnen gewännen und sie achteten als eigenständige Wesen! Das versäumen wir allzuoft. Das Resultat ist, daß die Kinder in unseren Räumen nicht atmen können und wegstreben. Ein Bekannter, der in Übersee lebt, sagte zu mir, als ich ihn fragte, ob er nicht wieder in seine Heimat zurückkehren wolle: „Der Ozean ist die kleinste Einheit, die zwischen meiner Mutter und mir sein muß."

Je wichtiger ein Mensch sich nimmt, um so mehr geht er den anderen auf die Nerven. Es gibt sehr viele Menschen, die, sobald sie jemandem begegnen, anfangen von sich zu sprechen, von ihren Problemen, von der großartigen Art, wie sie ihr Leben meistern, und von ihren Krankheiten; das ist das Gesprächsthema Nummer eins. Sie ahnen gar nicht, daß niemand so genau um ihre Krankheiten und ihre Probleme wissen möchte. Der andere sucht so schnell als möglich der lästigen Gesellschaft zu entfliehen. Und der Vereinsamte steht ratlos da und sagt, die Menschen seien böse und schlecht, anstatt sich zu fragen, woher es kommen mag, daß sie ihn fliehen, und ob es nicht an ihm liege.

Viele einsame alte Menschen werden merkwürdig. Sie behaupten allen Ernstes, daß man bei ihnen in der Wohnung ohne Gewalt, wahrscheinlich mit Nachschlüsseln, eingebrochen und etwas gestohlen habe und daß man ihnen Giftgas durch ihr Schlüsselloch gepustet oder ihre Speisen vergiftet habe. Andere behaupten, man klopfe an ihre Tür oder klingle, um sie zu ärgern, oder man lache hinter ihnen drein oder tuschele über sie. Das sind alles krankhafte Vorstellungen; manchmal hört man sein eigenes Blut in den Hirngefäßen rauschen und projiziert dies nach außen. Auffallend ist auch, daß von diesen Empfindungen nur solche Menschen befallen werden, die von

Natur aus mißtrauisch und mißgünstig sind. Gütige, gelassene und weltoffene Menschen haben diese Sinnestäuschungen nicht.

Ist ein Mensch, der von der Ungnade solch unguter Gedanken befallen ist, schuld daran und kann er etwas dagegen tun? Ich glaube ja. Gott hat uns alle zu seinen Kindern gemacht, und wir stehen alle in seiner väterlichen Hand. Sicherlich gibt es Menschen, die gut und weniger gut sind; aber es ist nicht unsere Aufgabe, sie zu verurteilen und über ihnen den Stab zu brechen. Vor allem sollten wir uns nicht so wichtig nehmen. Gewiß wird gern geklatscht; aber wir sollten doch nicht meinen, daß wir so interessant seien, daß man über uns stundenlang klatschen könnte. Wenn wir lernen, die anderen Menschen so zu lieben und zu achten wie uns selbst, dann kommen alle Dinge an ihren rechten Platz, und wir vermögen unsere Überempfindlichkeit abzulegen.

In dem Buch eines englischen Autors Fulton Oursler las ich eine Bemerkung, die mich tief traf. Er sagt: Der gehemmte Mensch ist der größte Egoist. Nun meint der gehemmte Mensch, er sei ängstlich und bescheiden. Aber Oursler sagt: Der Gehemmte steht in einer Ecke und wartet, ob der oder jener kommt und ihm zuerst die Hand gibt, ob er ihn zuerst grüßt. Immer denkt der Gehemmte, ob man ihn auch recht bemerkt. Und wenn nicht, ist er zu stolz, um den ersten Schritt zu tun, um den anderen zu begrüßen. So ist es in der Tat: wir schielen immer aus uns heraus, ob man uns auch recht ästimiert, und wenn das nicht geschieht, weil der andere genau so gehemmt und blöd ist wie wir, dann reagieren wir wie der berühmte Fuchs vor den zu hoch hängenden Trauben, wir finden sie sauer.

Wir werfen unsere Kinder, unsere Bekannten von uns, und wir werfen uns auch selber von uns. Wieviele von uns wissen mit sich nichts anzufangen, wenn sie allein sind! Sie langweilen sich und versauern. Welche Möglichkeiten sind doch dem Menschen offen, der sich in seiner eigenen Gesellschaft wohlfühlt! Er kann, ob er viel oder wenig Geld hat, ob er in einer Wohnung oder in einem Heim lebt, etwas an seiner Umgebung tun, sie wohnlich gestalten. Es ist ihm nicht verwehrt, sich selbst zu pflegen, sich hübsch und attraktiv zu machen. Das braucht Zeit. Er soll auch ruhig Frühstück, Mittagessen, Teezeit und Abendbrot festlich gestalten. Warum soll er nicht für sich allein den Tisch decken, ein Blümchen hinstellen, eine Kerze anzünden, wenn er Radio oder Grammophon hat, schöne Musik hören? Er kann sogar, wie in den Kindertagen, vor dem Essen ein Gebet sprechen und danken, daß ihm die Speise bis in seine alten Tage zum Wohl gereiche. In der dunklen Adventszeit könnte er sich einen Apfel braten und durch seinen Duft sich Erinnerungen an die Kindheit herbeizaubern. Das Leben bietet auch ohne viel Aufwand unerhört viel Schönes! Er kann sich an den Fernsehschirm setzen oder ein gutes Buch lesen. Wieviele Jahrhunderte lang haben die Dichter für uns gedichtet und geschrieben, und wie gültig ist heute noch das Gesagte.

Er kann auch etwas ganz unerhört Altmodisches

tun: zur Bibel greifen und daraus ersehen, wie unter Gottes Auge Verbrecher und Tunichtgute, Ehrgeizige und Jähzornige zu Heiligen und Helden gereift sind. Wie lebendig wird uns das Dasein dieser Menschen vor drei- oder viertausend Jahren! Und dann die immer neuen und immer noch unerfüllten Worte und Weisungen Christi! — Aber wir können auch für eine halbe Stunde die Hände in den Schoß legen und unseren Gedanken freien Lauf lassen, in die Vergangenheit schweifen und über uns nachdenken. Haben wir alles wirklich recht gemacht, waren wir gut und gerecht; haben wir es nicht an Liebe und Verständnis mangeln lassen, haben wir anderen Menschen Unrecht getan? Wievieles ist da zu bedenken. Und, wenn der eine oder andere noch lebt, sollten wir ihn nicht anrufen oder ihm schreiben und um Verzeihung bitten, ihm sagen, daß wir begriffen hätten, daß wir Unrecht getan, und daß wir es bedauern? Wir können auch damit beginnen, unsere Erinnerungen niederzuschreiben, einfach so, ohne Wunsch, sie als Buch zu veröffentlichen. Vielleicht findet sie einer und erlebt sich selbst darin wie in einem Spiegel.

Und wir könnten uns aus uns herauswagen; irgendjemanden, der noch einsamer ist als wir, besuchen, mit ihm spazierengehen, ihn zu einer Tasse Tee einladen, ihm etwas vorlesen. Es ist nur der erste Schritt, der schwer ist; ist dieser getan, so erfahren wir, daß wir nicht mehr einsam sind und daß wir die Einsamkeit von einem anderen Menschen genommen haben.

AUF DEM PFAD

Das Leben wird oft verglichen mit einer Wanderung. Man ist nicht nur Gast hier, man ist auch in steter Bewegung. Von der Geburt bis zum Tode sind wir unterwegs durch die Stufen unserer Entwicklung, durch die Zeiten, durch Räume, Städte und Länder und in neuester Zeit sogar durch die Stratosphäre. Wenn aber Christus vom „Pfad“ spricht, dann meint er nicht ein zielloses Unterwegssein, ein Hin- und Herwandern, sondern einen Weg mit einem Ziel. Das Wissen um den Weg ist etwas spezifisch Menschliches; Tiere sind eingebettet in ihr Sein und kennen ein solches Ziel nicht. Offenbar ist dieses Wissen uralt, denn im Volksmund heißt es von jemand, der den Plan seines „Wegs“ verlassen hat, er sei auf Abwege geraten. Und Christus erwähnt wiederholt, wie schwer es für den Menschen ist, auf dem Pfad zu bleiben, den rechten Pfad zu erkennen, und er betont, daß der Pfad, der zur Vervollkommnung führt, ein steiler und dorniger, ein schmaler Pfad ist. Es ist also ein gefahrvoller Weg, voller Tücken, Windungen, Steigungen, Abgründe und Versuchungen.

Vor nicht allzulanger Zeit betrachteten unsere Kirchen diese Welt als ein Jammertal und sahen den Sinn des Pfades darin, daß wir alle leiblichen Gelüste in uns abtöten sollten, um der Zulassung zum Paradies würdig zu werden. Wenn man Christus recht versteht, so ist seine Lehre eine freudige und bejahende Lehre und keine Aufforderung zur Weltflucht. Aber es gibt verschiedene Wege, die Welt zu erleben und sie zu genießen. Man kann, wie viele von uns, zum Sklaven der Erde werden, von vielen Süchten geplagt sein und ihnen unterliegen. Sei es der Alkohol, das Rauchen, die Abhängigkeit von Rauschdrogen, die Freßsucht, die sexuelle Hemmungslosigkeit, die Klatschsucht, die Putzsucht, die Eitelkeit, das Haften am Besitz, der Geltungsdrang. Es sind alles Dinge, die Besitz vom Menschen nehmen und ihn unfrei machen. Ohne daß er es merkt, wird er zu ihrem Sklaven. Der freie Mensch genießt die Gaben dieser Welt, er nimmt sie als Geschenk; aber er trachtet nicht danach, sich daran festzuklammern.

Der chinesische Meister Dschuang Dsi sagt: „Der höchste Mensch gebraucht sein Herz wie einen Spiegel. Er geht den Dingen nicht nach und geht ihnen nicht entgegen; er spiegelt sie wieder, aber hält sie nicht fest. Bis aufs Letzte nimmt er entgegen, was der Himmel ihm spendet, und hat doch, als hätte er nichts. Er bleibt demütig." —

Ein Kind weiß noch nichts von seinem Pfad. Allerdings gibt es auch Kinder, die sehr früh den vorgeschriebenen Weg erahnen und ihn auch zielstrebig gehen. Der junge Mensch wird von seinen Hormonen hin- und hergerissen, er kennt sich selbst nicht, wird gereizt, protestiert und hat verschrobene Vorstellungen von sich selbst, von den Menschen und von der Welt. Der Erwachsene steht im Erwerb und Erfolg, sein Geltungsstreben wird befriedigt oder es wird unterdrückt, und er verliert das Gefühl für den rechten Weg, weil er sich allzusehr an die Materie bindet.

Beim Älterwerden sollten wir auch Zeit gewinnen, an den Pfad zu denken und unseren eigenen Weg zu suchen und zu finden. Sagen wir nicht: Wir kennen den Weg nicht, und es ist niemand da, ihn uns zu weisen. Das ist eine faule Ausrede und zeigt nur, daß wir in Wirklichkeit nicht wollen. Gott zeigt uns täglich und stündlich den Weg, wenn wir nur die inneren Augen und Ohren öffnen wollten.

Der wichtigste Hinweis für den Pfad aber ist, daß wir auf dem Wege unser Ich hinter uns lassen sollen, wie Buddha es ausdrückt. Daß wir es lernen, uns endlich an die rechte Stelle zu setzen, nicht vorne in die erste Reihe der Honoratioren, sondern irgendwo unter die Menge Gottes, daß wir alles, was den anderen angeht, mindestens ebenso ernst nehmen wie uns selbst und daß wir nicht alles, was geschieht, in Beziehung zu uns setzen.

Es gibt Menschen mit Verfolgungswahn, das sind Kranke, die glauben, sie würden von allen beeinträchtigt, sie würden verfolgt, beobachtet und ausspioniert. Es ist ein Netz von Verschwörern, das sie umgibt. Wenn ich solche Erzählungen höre, dann sage ich nur staunend: „Glauben Sie denn wirklich, daß Sie so wichtig sind, daß man einen ganzen Apparat von Spitzeln, die man bezahlen muß, ihnen nachschickt?" — Aber sie sind in dem Geflecht der auf sich selbst bezogenen Vorstellungen schon so sehr gefangen, daß sie Vernunftgründen nicht mehr zugänglich sind. Ohne daß wir so krank zu sein brauchen, reagiert jeder von uns nicht viel anders. Da werden wir von einem Bekannten auf der Straße nicht gegrüßt, weil er uns nicht gesehen hat oder in Gedanken versunken war. Gleich denken wir, er wollte uns nicht grüßen, und wir nehmen uns vor, ihn das nächste Mal nicht zu beachten. Und schon ist die Entfremdung und die Feindschaft da.

Ich erlebte einen drastischen solchen Fall. Bei Anlaß eines Vortrags sprach ich mit einer Dame. Später sah ich sie im Konzert, wußte aber nicht, ob sie es sei. Ich ging ganz nahe an sie heran, sie aber hatte ein Gesicht wie eine Mauer. Also dachte ich, sie wird es wohl nicht sein. Einige Tage später bekam ich von ihr einen Brief, ohne Anrede, ohne die übliche Höflichkeitsfloskel. Sie nannte mich einen Flegel. Es sei schon das zweite Mal, daß ich sie geschnitten hätte; diesmal hätte ich ihr sogar eine Fratze gezeigt. Das sei unerhört. Ich war wie vom Blitz getroffen und schrieb ihr einen sehr höflichen Brief, in dem ich das Wort „Gnädige Frau" unterstrich und ihr erklärte, daß sie, als ich sie intensiv anschaute, mit einem Lächeln hätte antworten können, dann hätte ich ihr gesagt, daß ich sie nicht mit Sicherheit erkannt hätte.

Das ist ein Fall von hunderten. Da gibt es nur eins: uns nicht so wichtig nehmen, freundlich bleiben und Mißverständnisse sobald als möglich aufklären. Der Meister Lao Dse sagt: „Der Grund, warum ich große Übel erfahre, ist, daß ich ein Ich habe. Wenn ich kein Ich hätte, welches Übel gäbe es dann noch?"

Und Jakob Böhme: „...daß die Ichheit also in der Menschheit aufhöre und der Geist Gottes Alles in Allem, die Ichheit aber nur sein Werkzeug sei."

Ein Zen-Meister wurde von seinem Schüler nach dem Weg gefragt. Der Meister sagte: „Welch ein schöner Berg!" — „Ich habe nicht nach dem Berg gefragt, sondern nach dem Weg!" — „Solange du den Berg nicht überschreiten kannst, wirst du den Weg nicht finden!", war die geheimnisvolle Antwort des Meisters. „Wenn du den Berg nicht überschreiten kannst..."

Einer, der sich auf den Weg macht, hat in der Regel auf der Karte nachgesehen, wohin er gelangen möchte und wie der Weg beschaffen ist; er kann sich ausrechnen, wie beschwerlich die Reise sein und wann er ankommen wird. Er hat also einen Vorsatz. Noch mehr, er schaut auf den Himmel und auf das Thermometer und überlegt, ob er sich kühl oder warm anziehen muß, und er wird sich eine Wegzehrung mitnehmen.

Was machen wir, wenn wir am Morgen die Reise durch den Tag unternehmen? Bereiten wir uns vor? Nehmen wir uns vor, den ganzen Tag guter Laune, freundlich zu jedermann, zuvorkommend, hilfsbereit zu sein, nicht ungeduldig und jähzornig zu werden, keine bösen Gedanken aufkommen zu lassen, niemandem zu mißtrauen? Und wenn wir uns das vorgenommen haben und der Abend uns ans Ziel der Reise durch den Tag bringt, nehmen wir uns dann die Zeit, nachzudenken, was wir alles getan haben und ob wir unseren Vorsätzen auch treu geblieben sind? Und wenn das nicht der Fall war, haben wir den Mut, die, welche wir beleidigt oder verletzt haben, um Verzeihung zu bitten, um, ehe die Nacht kommt, alle

Feindschaft aus uns zu entlassen, wie Christus es von uns fordert?

Die Reise durch die Zeit ist eine beschwerliche Reise. Wir tun dabei nichts anderes als der Kutscher oder der Kraftfahrer, der jede einzelne Sekunde wach und gegenwärtig sein muß; denn eine kleine Unaufmerksamkeit kann einem anderen oder ihm selbst das Leben kosten. So gefährlich ist eine Reise! Und genau so gefährdet sind wir auf unserem Pfad durchs Leben, wenn wir nicht achtsam sind!

Am Ende eines jeden gelungenen Tages und am Ende des gelungenen Lebens geben wir dieses gereifte Sein in die Hände Gottes zurück, ohne Angst und Bedauern. Weil wir unser kleines häßliches Ich hinter uns gelassen haben, geht unser engelhaftes Ich, das wir auf dem Pfad des Lebens entwickelt haben, heiter auf Gott zu.

AM ENDE EINER LEBENSPERIODE

Abgesehen von dem natürlichen Prozeß des Alterns gibt es bestimmte Einschnitte in unserem Dasein. Wenn wir fünfundsechzig Jahre alt werden, müssen wir aus dem Beruf, mit dem wir verwachsen sind, ausscheiden. Nun bedeutet fünfundsechzig nur eine Zahl, sie sagt absolut nichts aus über unseren körperlich-geistigen Zustand. Während die meisten Menschen mit fünfundsechzig aus dem Beruf und ihrem Wirkungskreis ausscheiden müssen, werden für die wichtigsten Posten im staatlichen und kirchlichen Leben, als Präsident eines Landes, als Minister, als Erzbischof, als Papst, oft Menschen in weit höherem Alter gewählt. Der Grund, daß hierbei dem Alter der Vorzug gegeben wird, ist vielleicht darin zu suchen, daß die Überlebenschancen nicht mehr so groß sind und daß man annimmt, der Gewählte werde dank seines Alters nicht mehr so initiativ sein, daß er das ganze Leben reformiert. Wie dem auch sei, man handelt hier offenbar unter einem doppelten Gesichtspunkt. Natürlich ist es nicht mehr als recht, daß die Älteren endlich den Jüngeren den Platz räumen, damit diese nachrücken können.

Der ältere Mensch ist nicht immer der Klügere und Geeignetere. Sicherlich verfügt er durch seine lange Tätigkeit über reiche Erfahrung und großes Können, hat Sicherheit im Umgang mit Menschen. Es kann aber auch vorkommen, daß der Mensch, der immer im gleichen Beruf stand, darin festgefahren ist;

er verliert mit dem Alter das Interesse, er ist neuerungsfeindlich, er kann die durch die Entwicklung der Technik entstehenden Probleme nicht erkennen und will es nicht wahrhaben, daß Reformen erforderlich sind. Weil er unbewußt fühlt, daß seine Leistungsfähigkeit abnimmt, ist er verstimmt und verdrossen. Viele Berufe verleiten dazu, auch selbstherrlich zu werden; dies gilt für Ärzte, Lehrer, Professoren, Direktoren, Fürsorger, Pfarrer, Meister, Polizeibeamte, Richter — kurz, für alle, in deren Machtbereich es liegt, über andere zu verfügen, anderen zu befehlen. Selbstverständlich stehen auch die Eltern fast an erster Stelle in dieser Kategorie sowie die Staatsfunktionäre. Nicht nur der Papst ist unfehlbar!

Es gibt ein schwerwiegendes Problem für jeden alternden Menschen: wann soll er rechtzeitig aufhören? Wer sagt es ihm, oder merkt er es je selbst? — Wir wachsen in jede Phase unserer Entwicklung für uns unmerklich hinein. Wir sind gar nicht in der Lage, die Veränderungen wahrzunehmen, weil wir immer in dem Zustand aktiv handeln, in dem wir uns gerade befinden. Wenn man also in seinen Bewegungen und Reaktionen langsamer wird — die anderen sehen das, wir selbst sind gegenüber diesem Zustand kritiklos. Wir fangen an, Namen, geschichtliche Daten und Fremdausdrücke zu vergessen, das ist sehr peinlich und dieser Zustand nimmt allmählich zu. Wir leiden darunter: die Folge ist, daß wir Gesprächen aus dem Weg gehen, um uns nicht bloßzustellen. Aber wir sind überzeugt, daß wir unseren Pflichten vollkommen nachkommen.

Vor einigen Tagen war eine junge Operationsschwester aus einem privaten Krankenhaus bei mir. Ihre Chefin, eine Chirurgin, ist bereits hochbetagt, arbeitet aber unentwegt weiter. Es passiert manches bei oder nach der Operation, und die mitarbeitenden Schwestern müssen höllisch aufpassen. Aber niemand ist da, der der Chefin sagt, sie möchte jetzt aufhören. In ihrer Verzweiflung gingen sie zu ihrem Mann. Er kannte das Problem, aber weigerte sich, mit seiner Frau darüber zu sprechen; er wußte, wie sie an ihrem Beruf hing, und daß ein Aufhören einen totalen Zusammenbruch bedeuten würde. Also wird weitergemacht, bis etwas passiert und die Behörden eingreifen müssen. Ein ruhmloser Abgang! Es gibt Berufe, die mit Leben und Gesundheit der Menschen zu tun haben, und ein Versehen kann tödliche oder andere unabsehbare Folgen haben.

Ich kenne eine Lehrerin, die über fünfundsechzig ist und sich ihr Lehramt um zwei Jahre verlängern ließ, angeblich, weil die Kinder sie so sehr liebten. Sie ist aber ständig gereizt und läßt das an den Kindern aus, so daß die empfindlichsten Kinder, die gegen Ungerechtigkeit besonders sensibel sind, neurotisch werden. Die meisten Eltern sind zu feige, sich zu beschweren, und wenn es geschieht, dann weicht die Schulbehörde aus, weil es unbequem ist, einen alten Menschen zurechtzuweisen.

Wieviele Sänger, Sängerinnen und Schauspieler gibt es, die ihr eigenes Maß nicht kennen. Eine fast achtzigjährige Dame, deren Traum es ist, öffentlich zu singen, erklärte mir, ihre Stimme sei so schön wie noch nie und sie bewerbe sich darum, allerdings vergebens, in einem Konzertsaal aufzutreten. Einmal sprachen wir miteinander über eine ältliche Sängerin, die noch auftrat. Da sagte mir die Dame empört: „Ist es nicht unerhört, daß sie gar kein Gefühl dafür hat, wie lächerlich sie sich macht!" — Ich schaute sie groß an. Die Kritik an einem anderen ging ihr leicht über die Lippen.

Vielen älteren Menschen wird die Arbeit bis zum fünfundsechzigsten Jahr sauer, und sie sehnen sich danach, in den Ruhestand versetzt zu werden. Für viele aber bedeutet es einen schwer zu ertragenden Einschnitt. Es gibt einen Begriff, der früher offenbar nicht die Rolle spielte wie heute, das ist der Wirkungskreis. Nicht der Mensch als solcher wird geachtet, sondern das Amt, das er bekleidet. Seine Wichtigkeit hängt von dem Maß an Verantwortung ab. Er hat auf einem größeren oder kleineren Gebiet etwas zu sagen, das schafft ein Gefühl von Unentbehrlichkeit. Der Kreis der Menschen, der ihm untersteht oder der seiner Hilfe bedarf, trägt ihn. Plötzlich, wie durch ein Hokuspokus, ist der Kreis verschwunden; ein anderer ist an seine Stelle getreten, die Menschen wenden sich jetzt an diesen, er selber wird nicht mehr gefragt. Er mag noch so großartig, so begehrt, verehrt oder gefürchtet gewesen sein, plötzlich ist er nicht mehr der Herr Direktor, Minister, Abgeordnete, Doktor, Professor, und er spürt es. Er hat das Gefühl, er sei vergessen, und er wird auch wirklich sehr bald vergessen sein. In dieser schnellebigen Zeit vergehen auch Dankbarkeit und Achtung.

Ich kenne viele Männer und Frauen, die ihren Beruf niederlegen mußten und die dann einen seelischen Zusammenbruch erlitten. Es war von einem Tag auf den anderen alles anders. Zuletzt noch eine erhebende Feier, vielleicht verbunden mit der Verleihung eines Ordens, schöne große Worte von Verdienst und Dankbarkeit mit der Bitte, in Kontakt zu bleiben. Und dann eine Leere. Man braucht morgens nicht mehr zur gewohnten Stunde aufzustehen; der Arbeitsraum, die Kollegen, die Menschen, mit denen man zu tun hatte, alles fehlt einem. Die eigene liebe Häuslichkeit, die uns nun für den Tag und die Nacht aufnimmt, wird uns zu eng, die Decke fällt uns auf den Kopf. Für die Ehefrau bedeutet die Umstellung eine große Veränderung. Der Mann war den ganzen Tag weg, sie hatte ihr und er sein Leben. Nun ist er zu Hause und weiß nichts mehr mit sich anzufangen. Er ist unzufrieden. Die Geldeinnahmen werden erheblich geringer. Der Mann fängt an zu knausern; er findet, man gebe zu viel aus; er beginnt in die Kochtöpfe zu gucken, und die Verdrossenheit wächst.

Sehr viele Menschen haben gottlob irgendein Hobby, sie beschäftigen sich damit in ihren Mußestunden. Sie werden dieses Hobby fruchtbringend ausbauen können, sei es Gartenarbeit oder künstlerische Tätigkeit, Malen, Schnitzen, Modellieren, Musizieren, Lesen. Diese Menschen erhalten sich jung, und ich sehe oft, wie sie nach der Pensionierung aufleben, eine neue Aufgabe übernehmen und daran Freude haben. Sie machen etwas aus ihrer Zeit. Es gibt aber eine Unmenge phantasieloser Menschen, die in ihrem Beruf aufgingen und darüber hinaus höchstens noch den Rest des Abends in die Fernsehröhre schauten. Sie blieben zwar, im Gegensatz zu früheren Zeiten, da die Männer in Skat-, Schach-, Billard-, Fußball-, Gesangvereine pilgerten, zu Hause, aber die Hausgenossen haben nichts von ihnen, sie sind stille Zuschauer einer anderen Welt.

Es gibt eine merkwürdige Erfahrungstatsache, daß die Sterbekurve im Pensionierungsalter steil ansteigt. Man würde denken, ein Leben im Nichtstun sei gesund und lebenerhaltend, aber die Statistiken lauten anders. Dieser Anstieg der Todesziffer betrifft meist jene Menschen, die mit sich nichts anzufangen vermögen. Sie lassen sich gehen, sie sind mißvergnügt. Und Mißvergnügen ist das beste Mistbeet für alle Art Erkrankungen. Sie sind selbstbezogen, werden empfindlich und hypochondrisch, sie bewegen sich nicht genug. Über den Verdruß hinaus bekommen sie noch ein Magengeschwür und verlieren die Fähigkeit, gute Speisen zu genießen, und es geht schnell zu Ende mit ihnen.

Können wir etwas daran ändern oder nicht? Von der Gesellschaft wird manches getan. Man versucht, Arbeitswillige noch in Betrieben zu behalten und ihnen angemessene Arbeit zu geben, man bemüht sich um Beschäftigungstherapie und um Alten-Tagesstätten. Aber das alles ist wie der Tropfen auf einen heißen Stein! Man kann niemanden dazu zwingen, und viele Menschen nehmen einen guten Rat nicht an, weil sie zwar jede Hilfe von außen erwarten, aber nicht gewillt sind, selbst an sich zu arbeiten. Zudem werden sie eigensinnig und lassen nur ihre Meinung und ihren Willen gelten.

Das Problem kommt auf jeden von uns zu, und es wäre wichtig, daß wir uns frühzeitig damit beschäftigten. Nur durch ein sensibilisiertes Bewußtsein und stetige kontrollierende Arbeit an uns selbst, auch bei ehrlicher Befragung unserer Mitmenschen, können wir uns gegenüber den rechten Maßstab finden und erfahren, wann wir aus dem Beruf aussteigen sollten. Würde es uns gelingen, unsere Selbstherrlichkeit, unseren so wichtig scheinenden Wirkungskreis, unsere Rechthaberei und unseren Eigensinn aufzugeben, dann könnten wir weiterhin das Leben, wie es nun einmal ist und wie es sich auch gestalten möge, bejahen, dann blieben wir innerlich jung, und die Probleme der Vereinsamung und des Vergessenwerdens würden für uns nicht existieren.

Herr Macher ist ein alter kranker Waffenmeister, der schon lange seinen Beruf aufgegeben hat. Aber er sammelt allerhand alte Sachen, und täglich kommen Menschen zu ihm und bringen ihm etwas, das sie gefunden oder entdeckt haben, oder sie lassen sich Sachen taxieren und bitten ihn, etwas für sie zu reparieren. Er ist immer hilfsbereit und freundlich und er freut sich, immer neue Dinge zu sehen und kennenzulernen. Wenn ich an ihn denke, so gibt mir das viel Zuversicht, weil ich erkenne: auch so kann man alt werden!

WOHIN MIT DEM MINDERWERTIGKEITSGEFÜHL?

Man sollte glauben, daß vor allem Jugendliche an Minderwertigkeitsgefühlen leiden. Der junge Mensch muß sich mit dem Leben auseinandersetzen, in es hineinwachsen — in eine Welt, die von den Erwachsenen in Tausenden von Generationen gestaltet worden ist, mit ihren Bräuchen und Verhaltensweisen, mit ihrem Anspruch auf Autorität, mit ihrem Glauben und Aberglauben. Und es ist kein Wunder, wenn er mit seinem noch unpolierten und unverbrauchten Verstand gegen unzählige Dinge rebelliert, die dem Erwachsenen selbstverständlich erscheinen. Da er allenthalben erfährt, daß er mit seinen Vorstellungen von einer Änderung des Lebens gegen die Welt der Erwachsenen nicht anzukommen vermag, resigniert er. Mit jeder seelischen Verletzung, jeder Zurechtweisung, jedem Mangel an Verständnis, dem er begegnet, fühlt er sich auf sich selbst zurückgestoßen und wird unsicher und gehemmt. Infolge der scheinbar sicheren und autoritär sich gebärdenden Verhaltensweise der Erwachsenen entwickelt er Minderwertigkeitsgefühle, die sich wie Stricke um seine Füße legen. Er weiß um seine eigene Unsicherheit; die Menschen, denen er begegnet, geben sich sicher, ja sogar herausfordernd oder schimpfend. Er kann nicht wissen, daß gerade die Polternden und Aggressiven ihre eigene Unsicherheit unter dieser Maske zu verbergen suchen. Wüßte er es, so würde er mehr wagen.

Von einem alten Menschen erwartet man als selbstverständlich, daß er auf dem Weg durch das Leben die Überempfindlichkeit, Reizbarkeit und Unsicherheit abgelegt hat. Denn der weise Mensch ist frei von solchen Unfreiheiten; er ist offen, gütig und verstehend und fragt nicht mehr, was andere über ihn denken oder sprechen. Er hat sein eigenes Maß in sich.

Es gibt natürlich eine ganze Reihe von Faktoren, die dazu beitragen, daß wir, wenn wir älter werden, an Minderwertigkeitsgefühlen und Empfindlichkeit leiden. Noch standen wir im tätigen Leben, waren durch Arbeit, gesellschaftliche Stellung und guten Ruf aktuell; nun, bedingt durch einige Alterungsvorgänge, ziehen wir uns allmählich zurück. Wir merken, daß wir alte Bekannte nicht mehr sogleich erkennen oder uns nicht mehr an ihre Namen erinnern, oder es fehlen uns in klugen Unterhaltungen die Namen von Persönlichkeiten aus Literatur, Kunst, Politik, oder die Ortsnamen fallen uns nicht ein, und es ist peinlich zu sagen: „Wie hieß er doch?" — Wir fürchten, daß man uns für dumm hält und nach und nach einer Unterhaltung mit uns aus dem Wege gehen wird. So werden wir schweigsamer und schämen uns dessen.

Hätten wir den italienischen Dichter Leopardi gelesen, so wären wir getröstet. Er meint, in einer Gesellschaft seien die Zuhörenden in der Minderzahl. Die meisten Menschen wollten reden, sich produzieren, gehört und bewundert werden, und es gebe nur wenige, die die Gabe des Zuhörens besäßen. Jemand, der in der Gesellschaft brilliert hat, geht befriedigt vondannen und findet, er habe einen herrlichen Abend erlebt, weil er sich bestätigt glaubt.

Wenn man nun, aus innerem Antrieb oder der Not gehorchend, aus einem Redenden ein Schweigender und Lauschender wird, so ist es weder für ihn noch für die Gesellschaft ein Schaden. Er braucht nur zuzuhören, und die Redseligen sind dankbar, ein Ohr gefunden zu haben, ohne das sie ihren Ballast nicht abwerfen könnten. Ich habe eine alte Freundin, die auf das Ende der Achtziger zugeht. Sie weiß, daß ihr das Sprechen schwer fällt, weil sie die rechten Worte nicht findet. Aber sie hat eine so großartige Gabe der Geduld und der Aufmerksamkeit entwickelt, daß jeder sich gern mit ihr unterhält. Mein junger amerikanischer Freund Tommy konnte nicht umhin auszurufen: „Wie wunderbar muß ein so erfülltes Leben sein, voll von Erfahrungen, Erlebnissen und Erinnerungen, und wie herrlich, daß ein so alter Mensch in solcher Geduld und Güte einem jüngeren zuzuhören vermag!" —

Jeder von uns, der in die Jahre kommt und unter Vergeßlichkeit oder Ermüdbarkeit zu leiden beginnt, weiß, welche Angst er davor hat, seine geistigen Fähigkeiten zu verlieren. Ich hatte in Landshut ein Erlebnis, daß mich für den Rest meines Lebens froh gemacht hat. Wir haben dort in der Nähe ein wunderbares altes Bauernhaus, in dem wir viele Sommerwochen verbringen. Meine Frau und ich pflegten Herrn Weingärtner aufzusuchen und bei ihm alte Möbel zu erstehen. Eines Tages war eine alte Dame im Geschäft. Sie hatte schön frisiertes weißes Haar und war altmodisch gekleidet, sie war wie aus dem Ei gepellt. Wir dachten, sie sei auch eine Käuferin. Sie begrüßte uns und sagte, ihr Sohn werde sicherlich gleich kommen, wir sollten uns gedulden; sie könne uns nichts verkaufen, denn sie verstünde nichts mehr davon, sie sei schon zu alt. Sie sprach zu uns wie zu alten Freunden, und wir fragten sie, ob wir ihr schon begegnet seien. Sie wußte es auch nicht, aber das sei doch egal, man könne auch zu Fremden höflich sein. Sie tauge jetzt sowieso zu nichts mehr, sie habe alles vergessen, sie wisse nicht, welcher Tag heute sei, sie lese auch keine Zeitungen, die Dinge wiederholten sich ja. Aber sie freue sich am Leben, an jedem Tag, den Gott ihr schenke; und ob man viel wisse oder nicht, über die Schönheit der Natur, die lieben Menschen und all die guten Dinge könne man sich immer freuen. Wir gewannen die Frau vom ersten Augenblick an lieb und fühlten uns in ihrer Gegenwart wohl. Meine Frau fragte sie, ob sie denn nicht Angst davor habe, diese Erde zu verlassen? Sie winkte ab: „Wo denken Sie hin! Wenn es hier schon so schön ist, wie viel schöner wird es drüben sein. Ich bin dessen ganz gewiß. Mein Mann ist so friedlich und froh gestorben, und als er tot war, war ein schöner Friede in seinem Gesicht; wir wurden ganz still und froh bei seinem Anblick. Es war uns, als ob Gott uns sagen wollte: seht, solcher Friede kommt von mir! — Und ich habe mich nie einsam gefühlt. Ich war in Gedanken immer mit ihm verbunden! Wenn ich etwas entscheiden sollte, fragte ich ihn, was ich tun solle, und ich habe immer eine Antwort erhalten —

nicht mit Worten, es antwortete etwas in mir." — Inzwischen war ihr Sohn gekommen und staunte über unsere lebhafte Unterhaltung. Wir umarmten die alte Dame und waren glücklich. Seither weiß ich: es kommt nicht auf das Gedächtnis — auf das Herz kommt es an. Ist das Herz warm und gut, verzeihend und verstehend, dann sind wir auf dem rechten Wege.

Die Vereinsamung vieler alter Menschen hat ihre Wurzel im Minderwertigkeitskomplex. Sie denken, sie seien zu nichts mehr nütze, es wolle sie niemand, und sie ziehen sich in sich selber zurück. Sie verlieren den Kontakt zur Umwelt, sie resignieren und verhalten sich negativ. Alles ärgert sie, sie nörgeln und ecken überall an, sie lassen niemanden mehr gelten und lieben niemanden. Im gleichen Atemzug beschweren sie sich dann, die Welt sei lieblos. Ich bin immer wieder davon überrascht, daß es in Altersheimen oft gar keine rechte Gemeinschaft zwischen den Menschen gibt. Daß nicht wenigstens einige den Impuls haben, zu einem Nachbarn oder einer Nachbarin zu gehen und zu fragen, ob man nicht gemeinsam einen Spaziergang machen, etwas lesen oder basteln wolle, oder einen Klub von Babysittern gründen ähnlich den Studentenhilfe-Organisationen. Es gibt eine Menge, zu dem ein älterer Mensch noch fähig wäre, wenn er sich nur nicht in seinem Minderwertigkeitsgefühl abkapseln würde!

Alternde Menschen haben häufig noch eine traurige Unart; sie beginnt oft schon sehr früh. Es ist das Nicht-Anerkennen von neuen Dingen in der Welt:

die moderne Technik wird verurteilt, die Mondflüge werden als Vermessenheit angeprangert, die abstrakte Kunst und die atonale Musik werden abgelehnt, ebenso der neuzeitliche Tanz und das grauenvolle moderne Theater, weiter die Sexwelle und das entsetzliche Benehmen der Jugend! Was ist das für eine Jugend! Man sieht, daß der Untergang der Welt nahe ist.

Wenn ich das höre, muß ich immer lachen, denn da fällt mir der Ausspruch eines Mannes aus sehr alter Zeit ein: „Von Kindheit an sollte man den Menschen lehren, mit wenigen Dingen im Leben auszukommen. Heutzutage lieben die Jugendlichen zu sehr den Luxus. Darüber hinaus haben sie schlechte Angewohnheiten und Manieren, widersetzen sich jeglicher Autorität und zollen dem Alter nicht den nötigen Respekt; kaum daß sie es noch für nötig erachten, sich zu erheben, wenn ihr Lehrer den Raum betritt. Was müssen das einmal für Menschen werden, wenn sie erwachsen sind?!" — Nun seit Sokrates (†399 v. Chr.) das aussprach, sind hunderte von Generationen jener bösen Jugend gefolgt, und die Welt steht noch! Aber von Generation zu Generation gibt es die gleiche Gesinnung und die gleichen Aussprüche.

Wenn ein Mensch innerlich jung bleibt, geht er mit der Zeit mit. Als durch Johann Strauß der Walzer aufkam, war die ältere Generation ob der Unsitte empört, daß die Paare einander körperlich berührten. Das gleiche wiederholte sich beim Tango. Als Paul Cézanne seine erste Ausstellung eröffnete, gab es einen öffentlichen Skandal. Andere Künstler hoben seine Bilder auf Stangen und trugen sie höhnend herum. Er verkaufte zeitlebens kein einziges Bild. Heute ist er Klassiker, und Reproduktionen seiner Bilder hängen in bürgerlichen Wohnungen. Es bedeutet eine ungeheure Mißachtung der Person und ihrer Tätigkeit, wenn man ihr Werk, ihre Aussagen einfach ablehnt. Es kann doch einer anders denken und empfinden als wir! Das Leben ist unerhört vielfältig. Achten wir aber die anderen, dann wird es uns unmöglich sein, zu sagen: „jenes Bild, jener Tanz oder jene Musik sind gräßlich, man müßte sie verbieten!" — Man kann sagen: „ich verstehe sie leider nicht mehr, sie sind mir fremd" — das ist dann eine subjektive Meinung.

Es ist nicht zu verwundern, daß die Jungen ein selbstverständliches Verhältnis zu moderner Technik, Kunst, Musik, Tanz, Theater, Politik haben. Sie sind in diese Zeit hineingewachsen, und für sie ist Verständnis oder Ablehnung kein Problem. Aber wenn dem so ist — und die neue Generation nimmt uns das Leben aus den Händen und wird es fürderhin verantwortlich gestalten —, dann ist es doch töricht von uns, uns dem Neuen zu widersetzen, es zu bekämpfen und es abscheulich zu finden!

Wir alle sind auf dem Wege — auch die von uns, welche auf das Alter zugehen. Es gibt kein Stillstehen, und es gibt kein Zurückblicken. Lots Weib, das sich auf der Flucht aus dem brennenden Sodom trotz Verbots umdrehte, wurde in eine Salzsäule verwandelt. Das ist ein Sinnbild für uns alle. Die Zeit, die jeden Augenblick in die Vergangenheit entrinnt und in die Zukunft weist, sie nimmt uns mit: die, die mit ihr gehen, die, die stehenbleiben, und die, die sich umdrehen. Aber die beiden letzteren schneiden sich ihr eigenes Leben frühzeitig ab, sie sind wirklich wie Salzsäulen, die auf einer Rolltreppe mitgehoben werden, ohne mitzugehen.

Der weise Mensch, wie er im zunehmenden Alter von Gott gedacht ist, hat auf dem langen Lebensweg sein kleines Ich mit seinen Unsicherheiten, Empfindlichkeiten und Minderwertigkeitskomplexen abgelegt, wie man alte Kleider ablegt. Er wird weit, gütig, verstehend und liebend; so wird die Fülle seiner Erfahrungen zum Gemeingut, zu einer Quelle für die Jungen, und er erfüllt das Gebot der Generationen, da er das Beste, Schönste und Erhabenste von seinen Ahnen den Nachkommen zu treuen Händen weitergibt.

UNRAST UND RUHE

Der große indische Weise Shri Ramana sagt: „Von großen Wesen, Vollendeten und Erlösten, heißt es: sie waren sehr tätig und waren in Wahrheit tatlos."

Die moderne Menschheit ist rastlos. Mancher Mensch läuft sein ganzes Leben vor sich selbst davon. Gewiß, die Technik hat uns reich beschenkt. Ein Geschäftsmann kann heute morgen in Berlin frühstücken, in New York Kaffee trinken und in Yokohama in eine Nachtbar gehen. Das ist märchenhaft. Die meisten von uns haben heute einen Fernsehapparat und können sich auf verschiedenen Kanälen Programme ansehen, die ihnen zusagen; oder sie drehen das Radio an oder haben einen Plattenspieler und bestellen sich Herrn Furtwängler oder Karajan mit ihren Orchestern, David Oistrach oder Swjatoslav Richter frei ins Haus! Wir können dieses jeden Wunderbegriff überschreitende Geschenk gar nicht dankbar und ehrfürchtig genug annehmen. Wir tun das nicht, wir banalisieren das Geschenk, wenn wir es zu sehr strapazieren. So wie im Fernsehen nach einem Kriminalfilm mit einem Dutzend Morden ein Lustspiel folgt, dann die Predigt eines Priesters und schließlich ein Film, der für Kinder nicht geeignet ist, so spielen wir eine Platte nach der anderen, wie wir eine Zigarette oder ein Bier nach dem anderen konsumieren.

Ein Kunstkenner besuchte einst einen japanischen Kunsthändler. Der zeigte ihm ein herrliches Kakimono. Jener saß versunken davor. Dann wartete er, daß der Händler ihm ein anderes Bild zeige. Der Händler merkte seine Ungeduld. „Ist es nicht schön?" — „O ja, aber kann ich nicht noch weitere Kakimonos sehen?" — „Sind Sie denn wirklich fähig, nach einem solchen Erlebnis noch ein Kakimono zu betrachten?", fragte erstaunt der Kunsthändler.

Wir schütteln über ein solches Verhalten den Kopf, sind wir doch heute gewöhnt, einen ganzen Kontinent in sieben Tagen zu besichtigen mit seinen Tempeln und Museen, Slums, Naturparks und Schlössern. Ist das wirklich Bildung? Glaubt denn einer von uns, daß er an einem Tag tausend Bilder, Skulpturen, Kirchen und Paläste sehen und geistig aufnehmen kann?! Es ist in Wirklichkeit nicht mehr als eine snobistische Mode, überall dabei gewesen zu sein und von allen Orten an Bekannte und Arbeitskameraden Ansichtskarten zu senden nach dem Motto: „Komm und setz dich, lieber Kleiner, bist so gut wie unsereiner."

Unser Tagesablauf ist nicht anders. Die großen Erfinder haben gewiß geglaubt, daß sie der Menschheit durch die Erleichterung der Arbeit mehr Muße und Zeit zur Besinnung geschenkt hätten. Als der arme Nobel das Dynamit erfand, hatte er den einen Gedanken, daß endlich die fürchterlichen Kriege aufhören würden, weil niemand es wagen würde, solch vernichtende Waffen gegen andere Menschen anzuwenden. Aber durch sein Dynamit wurden die Kriege nur noch verheerender.

Wir nehmen gierig alles an, was uns die Erfinder schenken; aber wir haben es längst verlernt, dafür zu danken, und wir gehen unachtsam und uns selbst zum Schaden mit diesen Dingen um. Vor lauter Spielerei mit der Technik geht uns Ruhe und Besinnlichkeit verloren, wir haben keine Zeit mehr, in uns zu gehen, wir können nicht mehr allein sein; das will aber nicht heißen, daß wir es darum besser verstünden, mit den Menschen zusammen zu sein. Man höre sich nur das „Blablabla" der Menschen auf Empfängen und Cocktailparties an. Und dieses leeren Gewäschs wegen geht man hin, nicht zuletzt auch, um gesehen zu werden. Wir alle sind in diesem Sog drin und wollen uns nicht daraus befreien. Meine Frau nannte Damen, die von einer Veranstaltung zur anderen rannten, „Frau von Mitmachski". Das ganze Sein ist nach außen gekehrt, und das Innere ist reingefegt jeden Inhalts — es sieht aus wie eine leere Straße in der Nacht.

Ist es zum Verwundern, daß unsere Seele zu einem Durchzugsgebiet von Dämonen wird, daß jede Einbuße an Geltung, jede kleine Enttäuschung den Menschen aus dem gewohnten Gleis wirft? Woher kommt die ungeheure Häufung von Neurosen und Depressionen, von Angstgefühlen und Lebensuntüchtigkeit? Doch nur daher, daß kein Mensch mehr seine Erlebnisse zu verarbeiten vermag. Eines wird auf das andere gelegt, oder sie lagern durcheinander, und nichts kann mehr geistig verdaut werden. Kinder wie Alte sind gleichermaßen von diesem Sog des Getriebenseins erfaßt.

Mehr als jede andere Zeit des Lebens ist das zunehmende Alter die Zeit der Vorbereitung auf die

Reife. Der Prozeß des Reifens bedarf aber der Geborgenheit, der Ruhe und der Stille. Natürlich ist es gut und wichtig, daß wir tätig sind; wir dürfen unseren Dienst an den uns anvertrauten Dingen, Lebewesen und Menschen keinesfalls aufgeben. Aber vollziehen wir doch alle Arbeit langsam und bedächtig mit der ihr zukommenden Weihe, und gönnen wir uns größere Strecken der Gelassenheit! Lassen wir die dummen, uns aufsuggerierten Ideen von der Einsamkeit und Verlassenheit: daß uns die Wände erdrücken oder die Decke auf den Kopf fällt!

Wir langweilen uns doch nicht mit einem Menschen, den wir lieben. Wenn wir es endlich lernen wollten, die Dinge, die uns umgeben, recht zu lieben, dann könnten wir auch keine Angst vor dem Alleinsein haben. In der ständigen Überrieselung durch technische Zerstreuungen haben wir längst die lebendige eigene Phantasie eingebüßt, sonst würde uns nie die Mußezeit ausreichen, und wir gingen wie Geizige damit um. Was können wir alles mit unseren Gedanken umhüllen und lebendig machen! Da sind wir selbst, unsere Zukunft, unsere Gegenwart und unsere Vergangenheit — ein unerhört langes und volles Leben. Schritt für Schritt könnten wir es zurückverfolgen, was es uns schenkte, warum wir uns eigentlich von manchen entfernt haben und wieviel Schuld wir an der Entzweiung trugen. Da sind die lieben alten Dinge, die uns von Eltern oder Freunden vererbt wurden. Welche Geheimnisse bergen sie, in wie alten Zeiten sind sie geschaffen worden, welcher Meister hat ihnen sein Können aufgeprägt?

Ein französischer Schriftsteller, Josef de Maistre, schrieb ein Buch: „Voyage autour de ma chambre" — „Reise rund um mein Zimmer". Es steht jedem von uns frei, eine solche Reise in unserem Zimmer zu unternehmen, und sie wird nicht minder abenteuerlich sein. Und ein anderer großer Schriftsteller, der Flame Huismans, schrieb einen seltsamen Roman „Au rebours". Er beschreibt, wie er sich auf eine Weltreise vorbereitet, er ist schon unterwegs, da läßt er den Kutscher umkehren und heimfahren. Er sperrt sich zu Hause ein und erlebt die Reise zu Hause in seinen vier Wänden, in seiner eigenen Phantasie, in aller Lebendigkeit. Auch so etwas gibt es. Und wer das lernt, der kann mit Atlanten, Reisebeschreibungen und eigenen Gedanken weitere und schönere Reisen machen als mit allen Gesellschaftsunternehmungen, die einem meist nur einen Rummel vermitteln.

Meister Kung-fu-tse sagt: „Der Reisende in die Ferne hängt von den äußeren Dingen ab; der Reisende ins Innere findet alles, was er sucht, in sich selbst."

Und der heilige Augustinus sagt: „Ich habe spät dich geliebt, du Schönheit, so uralt und so neu; ich habe spät dich geliebt. Und siehe, du warst im Inneren, und ich war draußen und suchte dich dort!"

In der Ruhe und Muße, die wir uns gönnen, erleben wir uns selbst erst wirklich. Eine ungeahnte Kraft der Güte und Weisheit wächst uns unversehens zu, und wir fragen uns staunend: sind wir noch der gleiche Mensch, der wir gestern oder vorgestern waren? Und wir werden gespeist von Dingen, die in uns bereit lagen und warteten, daß wir sie nutzten. Wir lernen die Wahrheit des Wortes Christi: „Der Mensch lebt nicht vom Brot allein."

Wenn dann, in der Ruhe und Stille, die uns nicht mehr ängstigt, die wir zu erleben beginnen, ein Glücksgefühl über uns kommt und wir uns dem Schöpfer nahe fühlen, dann wissen wir erst, daß unser Leben an dieser Stelle einen neuen, einen großen Sinn bekommen hat. Dann wird uns verständlich, was der heilige Augustinus aus eigener Erfahrung sagt: „Wenn der Gerechte anfängt, Gottes Freund zu werden, so geschieht eine grundlegende Veränderung mit ihm."

In der gelassenen Stille erleben wir die Fülle des Seins, und möge es uns vergönnt werden, die Worte des Malers und Gottessehers William Blake zu bestätigen:

> Sieh eine Welt in einem Körnchen Sand
> und einen Himmel in der wilden Blume,
> greif das Unendliche mit deiner Hand
> und fühle Ewigkeit in einer Stunde.

DER ALTERNDE MENSCH UND DIE FAMILIE

Die irreparablen Fehler, die das Alter belasten, wurden zumeist von uns Eltern begangen, als die Kinder noch klein waren. Wir haben sie entweder verwöhnt oder zu streng und autoritär erzogen. Das hatte unweigerlich seine Folgen. Wenn ein Kind merkt, daß sein Vater oder seine Mutter ihm nicht den erforderlichen Schutz bietet, dann fühlt es sich verlassen und wird von Angst und Einsamkeitsgefühlen geplagt. Wir realisieren oft gar nicht, wie sehr wir unseren Kindern auf die Nerven gehen. Viele von uns lassen sie nie allein und gängeln und nörgeln an ihnen unentwegt herum. Wie oft wünsche ich mir, man könnte das auf ein Tonband aufnehmen und es den Eltern dann vorspielen. Ich hoffe, sie wären über sich selbst entsetzt.

Das Kind kommt schon bald in das Stadium des Fragens, es fragt uns Löcher in den Bauch: das ist sehr lästig und zeitraubend. Aber damit möchte es sich dem unbekannten Leben zuwenden, und es kann es nur durch den Verstand kennenlernen. Der Verstand des Kindes ist sehr klar, es läßt sich nicht mit allgemeinen Floskeln abspeisen. Wir müssen ihm schon ernst und offen die Fragen beantworten. Tun wir das nicht, so wird es enttäuscht und kehrt sich von uns ab.

Das Kind sollte Vertrauen zu uns haben, dann weiß es sich geborgen. Wird das Vertrauen dadurch enttäuscht, daß wir uns falsch und unangemessen verhalten, daß wir unaufrichtig oder verlogen sind, zänkisch und klatschsüchtig oder gar uns betrinken, dann erkennt es unsere Schwächen, und es weiß, daß ein schwacher Mensch kein zuverlässiger Beschützer ist.

Wann kommen wir schon dazu, ein ernstes Gespräch mit einem Kind zu führen? Entweder ist es uns lästig oder wir fahren ihm über den Mund oder wir erklären seine Ideen für verschroben — immer aber stoßen wir es von uns und lassen es so allein mit seinen Fragen. Der junge Mensch kommt nach solchen Erfahrungen nicht mehr zu uns mit seinen Problemen und Geheimnissen. Oder es kommt vor, daß er sich als Einer gegenüber einer feindlichen Zweiheit erlebt. Wie oft sagen dumme und ungeschickte Mütter: „Na warte, bis Vater nach Hause kommt, ich werde es ihm erzählen und dann gibt es was!" — Ob die Mutter es dann erzählt oder nicht, es bleibt sich gleich: sie hat Angst erzeugt, sie droht den Vater aufzuhetzen und ihn in die Sache hineinzuziehen; sie zeigt sich selbst schwach und unfähig, und jedes Vertrauen des Kindes ist zerbrochen. Es fängt an, seine Eltern zu hassen.

Da kommt ein hoher Beamter zu mir und erzählt mir stolz, daß sie ihren Ältesten (17) gefesselt und ihm dann seine lange Mähne abgeschnitten hätten. Ich war über diese heimtückische Handlung empört. Dieser Junge strebt natürlich so bald als möglich aus dem Hause fort.

Ein anderes Elternpaar, deren Heirat ich gegen das Verbot der Eltern ermöglicht hatte, hat jetzt eine Tochter, die ihnen Kummer bereitet. Sie hat einen

Freund, der den Eltern nicht paßt, und sie ist meist außer Haus; in der Schule kommt sie auch nicht mit. Ich spreche mit den Eltern, dann spreche ich mit der Tochter. Die Berichte sind wie Spiegelbilder: jede Partei schiebt der anderen den Schwarzen Peter zu. Das Mädchen berichtet, die Eltern seien zu streng und auch launisch, man wisse nie, woran man sei; am einen Tage erlaubten sie etwas, am anderen schimpften sie und verböten das Gleiche. Die Mutter trage dem Vater jede Kleinigkeit zu; zuerst habe sie also Streit mit der Mutter und dann abends über das gleiche Thema mit dem Vater. Der Vater komme nach Hause, ziehe sich die Pantoffeln an, lese die Zeitung und schaue dann in die Fernsehröhre. Ein Gespräch sei nicht denkbar. Schon bei den ersten Worten gebe es irgendeine bissige Bemerkung, und dann vergehe ihr jede Lust zu einem Gespräch.

Ich nahm die Eltern ins Gebet und hielt ihnen vor, daß ich ihnen, als sie endlich heiraten durften, das Versprechen abgenommen hätte, nicht so hart und selbstgerecht zu werden, wie ihre Eltern es waren, und ihre Kinder in Liebe zu erziehen. Ich stieß auf völliges Unverständnis. Was ich denn dächte, die Tochter habe doch alles, was sie brauche, genug zu essen und sich zu kleiden und ein Heim, und sie wollten sie zu einem ordentlichen Menschen erziehen. „Ja, aber ohne Liebe!", sagte ich.

Ein Junge, der eine andere politische Auffassung hatte als sein Vater, wollte ein Plakat von Che Guevara in seinem Zimmer aufhängen. Das Plakat wurde von den Eltern zerrissen und verbrannt. Darauf schloß sich der Junge von den Eltern vollständig ab, sprach nicht mehr mit ihnen und strebte aus dem Haus; es war ihm zuwider, mit den Eltern am selben Tisch zu sitzen. Glauben Sie, daß solche Enttäuschungen zu reparieren sind? Ich glaube nicht.

Wie selten sind die Eltern mit der Partnerwahl ihrer Kinder einverstanden! Zugegeben, daß heute die Wahl oft etwas schnell und unüberlegt vollzogen wird, daß vorwiegend erotische und sexuelle Motive den Ausschlag geben. Nicht selten erfolgen solche Bindungen aber auch als eine Flucht vor der eigenen Familie, auf der Suche nach einem Menschen, dem man sich nahe fühlt, mit dem man sich versteht. In der Regel sind es die Mütter, die gegen die Braut, und die Väter, die gegen den Verlobten sind. Sie sind dabei nicht gerade taktvoll und lassen es das Kind und den Partner fühlen. Wenn es dann doch und trotzdem zu einer Eheschließung kommt, so ist der unerwünschte Partner beleidigt und weigert sich, in diese Familie sich zu integrieren. Der Erfolg ist: die Mutter oder der Vater werden alles tun, um den Schwiegersohn oder die Schwiegertochter aus der eigenen Familie herauszumanövrieren. Und das gelingt fast immer. Häufig schüren die Mütter mehr als die Väter mit eiserner Konsequenz, mit kleinen giftigen Stichen, so lange, bis der Bruch vollständig geworden ist. Dann beklagen sie sich über die Undankbarkeit ihrer Kinder und über die Schlechtigkeit ihrer Schwiegersöhne oder -töchter. Wenn man bedenkt, mit welcher Sehnsucht sie sich Kinder gewünscht haben, wie sie bemüht waren, das Kind an sich zu binden, und wie sie es dann schließlich durch Unvernunft, Ungeduld und Aggressionen von sich wegstießen! Darin liegt eine große Tragik. Aber diese Kinder, die sich ihren Eltern entfremdet haben und sie verachten und die wissen, warum das geschehen ist — sobald sie Eltern geworden sind, wiederholen sie die gleichen Fehler und werden wiederum Feinde ihrer Kinder. Als Arzt habe ich drei Generationen von Kindern und Eltern erlebt, und immer wieder werden dieselben Fehler begangen.

Fast alle Eltern sind in hohem Maße autoritär. Zuerst müssen sie zwar das Kleinkind erziehen; aber dann kommt eine Phase, in der das Kind selbständig sein und handeln will, und die Eltern sollten dann die Zügel locker lassen. Doch sie verpassen oft den richtigen Zeitpunkt. Sie verpassen ihn so gründlich, daß sie, auch wenn das Kind fünfzehn oder zwanzig geworden ist, nicht merken, daß es erwachsen ist; so geht die Jugend in den Protest, revoltiert und entfremdet sich ihnen. Die Tragödie hat noch eine zweite, tragikomische Seite: Heute protestieren die jungen Revoluzzer gegen ihre Eltern, gegen die ältere Generation, gegen die althergebrachten Sitten und Ideale, sie wollen alles gründlich anders machen. Vor allen Dingen sagen sie der Autorität den Kampf an! Aber da sie von zu Hause nichts anderes als Autorität erlebt haben, arbeiten sie mit den gleichen Methoden: das heißt, sie wenden selbst drastische autoritäre Methoden an; sie sind gewalttätig, zerstörerisch, uneinsichtig und nicht in der Lage, in einem Gespräch zuzuhören; sie deklamieren ihre politischen Programme: auf jeden Einwand antworten sie mit Aggression. Für sie sind die anderen immer „Reaktionäre".

Einmal war ein junger Revoluzzer bei mir zu Tisch. Er gab fürchterlich an, hatte in seinem Auto (natürlich hatte er mit Vaters Geld ein Auto angeschafft) einen Sturzhelm; man wisse ja nie, in was für Situationen man bei einer Demonstration geraten könne. Im übrigen wurde jeder als Reaktionär bezeichnet. Ich hielt es einige Zeit aus, dann riß meine Geduld, und ich sagte zu ihm freundlich, aber bestimmt: „Ihr seid die größten Reaktionäre, die mir bisher begegnet sind; denn ihr seid absolut unduldsam, ihr verurteilt alles, was nicht nach eurer Idee ist, und dabei habt ihr überhaupt keine neuen und originellen Ideen. Ihr wollt das Leben und Sein der Menschheit, die euch gar nicht zu Hilfe gerufen hat, verändern, und ihr selbst seid freudlos, humorlos, ohne Schönheitssinn und fanatisch. Wenn ich euch ansehe, dann weiß ich mit Bestimmtheit eines, daß ich das Leben, das ihr neu aufbauen möchtet, nachdem ihr alle alten schönen und geheiligten Formen zerstört habt, nicht akzeptiere und nicht will!" — Er schaute mich böse an und schwieg.

Wenn wir uns früher mit unseren Kindern entzweit haben, so würden wir sicher heute gern manches ungeschehen machen. Aber die wenigsten von uns sind sich der eigenen Schuld bei der Entzweiung bewußt. Die bösen, undankbaren Kinder und deren Partner sind natürlich schuld! Es mag zwar vorkommen, daß man sich doch auf seine Schuld besinnt und daß man am Ende seiner Tage gerne mit den Kindern, die unser ein und alles waren, wieder Frieden schließen möchte. Aber da erst merken wir, wie schwer das ist. Zunächst hindert uns unser Stolz und Eigensinn daran. Wieso sollen wir als ältere, die doch geachtet werden sollten, den ersten Schritt tun? Sollen doch die Kinder den Anfang machen!

Aber die Kinder, die sich von uns abgesetzt haben, denken nicht daran. Der Schwiegersohn oder die Schwiegertochter sind durch unser damaliges Verhalten dermaßen verärgert, daß sie sich jeder Wiederaufnahme von Beziehungen widersetzen. Sie haben kein Bedürfnis danach, weil sie sich längst einen eigenen Freundeskreis geschaffen haben. Da für den heutigen Christen das Verzeihen oder Um-Verzeihung-Bitten Dinge sind, zu denen er sich kaum entschließen kann, wird es uns nahezu unmöglich sein, uns so weit zu überwinden, daß wir unsere Kinder um Verzeihung bitten, und die Kinder werden ihrerseits vielleicht nicht gewillt sein zu verzeihen. In ihrem Mißtrauen werden sie dahinter eine andere Absicht argwöhnen. Nichtsdestotrotz, wenn man im zunehmenden Alter mit sich ins Reine kommen will, sollte man Stolz, Eigensinn und Selbstgerechtigkeit in den Eimer werfen, sich überwinden und den Schritt wagen. Was daraus entsteht, können wir nicht voraussehen; aber wir haben jedenfalls die Hand zur Versöhnung ausgestreckt.

Was absolut nicht geht, ist: daß man alte Vorwürfe aufwärmt und sich verpflichtet fühlt, Dinge nochmals auszusprechen, um sie zu klären; darauf folgt nur eine neue Verstimmung. Es wäre auch falsch, die Beziehung Eltern—Kind mit der alten Autorität wieder aufnehmen zu wollen. Es geht hier um etwas ganz Neues: um eine echte Partnerschaft auf der Grundlage der Gleichheit.

Ich erlebe es oft, daß sich nach unendlich schwierigen Prozeduren Eltern und Kinder endlich versöhnen, aber das alte Mißtrauen bleibt; man wurde verletzt und die Narben sind noch immer sehr empfindlich. Trotz scheinbar ehrlichstem Willen kommt es oft zu erneuten Entzweiungen. Da macht eine Mutter ihrer Tochter einen leisen Vorwurf und sagt zu ihr, sie möge doch ihren Brief nachlesen, dort habe sie ihr schon alles darüber geschrieben. Die Tochter fühlt sich wieder wie früher bevormundet und reagiert mit übergroßer Aggression. „Deine Briefe: was meinst du, was ich mit deinen Briefen mache? Wenn sie ankommen, dann zerreiße ich sie in kleine Stücke und werfe sie in den Ofen!" Die alte Feindschaft ist wieder da, und man hat das Gefühl, daß es sich nicht mehr lohne, den unüberbrückbaren Riß zu flicken.

Solche Entzweiungen sind sehr häufig, aber sie sind nicht die Regel. Viele Kinder halten in echter Liebe und Zugehörigkeit zu ihren Eltern. Wie oft können diese mit ihrer größeren Weisheit helfen, Konflikte zwischen den Kindern und den Enkeln zu schlichten!

Ich habe an mir selbst das Geheimnis der Großmutter erlebt. Meine Großmutter war eine mondäne Grande Dame. Sie war keine echte Großmutter und blieb mir fremd. Mein Freund Wassenka dagegen hatte eine Großmutter — eine echte. Sie war eine einfache alte Frau, ruhig und gemütlich; sie hatte ihr eigenes Leben hinter sich gelassen und war nur für ihre Enkel da; diese sonnten sich in ihrer Wärme und Güte, Behaglichkeit und Gelassenheit. Der Grund, warum es heute so wenig echte Großmütter gibt, ist, daß die meisten noch recht jung sind und ihr Leben genießen wollen. Sie sind noch berufstätig und haben wohl noch ihren Mann oder einen Freund, für den sie sorgen. Da bleibt für das Enkelkind nur ein schmaler Sektor von Zeit und Liebe übrig. Das Kind aber möchte jemand ganz für sich haben — seine Oma!

Doch wir haben außer unserer größeren, auseinanderstrebenden Familie noch einen engeren Bezirk; das ist unser Partner. Wir altern und verändern uns gemeinsam, und wir schleifen uns aneinander ab. Unsere Liebe aber sollte im zunehmenden Alter auch zunehmen, denn der andere ist uns der nächste Mensch. Wenn wir weniger in den Tag hineinleben und mehr daran denken würden, daß unsere Tage gezählt sind und daß ihre Zahl mit jedem Tag geringer wird, dann sollten wir sie als Kostbarkeiten betrachten und uns an dem Zusammensein, das uns vergönnt ist, freuen. Manche alten Menschen werden mißmutig und nörgelig, sie vergällen sich gegenseitig damit das Leben. Wie oft höre ich, daß ein Ehepartner über den anderen abfällig und ungut spricht. Stirbt dieser aber, dann ist die Trauer, die Verzweiflung und die Einsamkeit groß. Lebt man jedoch in Eintracht miteinander, dann kommt ein warmes Strahlen über den Herbst des Lebens.

Manche alten Menschen vereinsamen auch zu zweit. Sie schränken sich ein, die alten Freunde sind gestorben, verzogen oder in Altersheime gegangen. Und es gibt einen törichten Aberglauben, daß die Jugend uns nicht brauche und nicht wolle. Das ist ein ganz großer Unsinn. Die Jugend braucht alte, erfahrene, gütige, weise Menschen, und sie fühlt sich von ihnen angezogen, vorausgesetzt daß der alte Mensch ihnen geistig noch etwas zu bieten vermag. Viele junge Menschen oder Eheleute leben allein oder miteinander ohne ein Beispiel. Sie wären nur allzu glücklich, älteren Menschen zu begegnen, die ihnen so etwas wie Vizegroßeltern sein könnten. Vielleicht haben sie keine rechten Großeltern gehabt, und nun dürfen sie eine solche Erfahrung machen. Es wird ihnen eine Vorstellung davon gegeben, wie es eigentlich ist, wenn man alt wird, wie schön es sein kann, alt zu werden, und sie können von den Erfahrungen der Alten lernen. Ich kenne viele alte Menschen oder Ehepaare, die sich jungen Menschen zugewandt haben, die von den Jungen geliebt und geachtet werden und deren Leben in solchen Begegnungen eine neue Erfüllung findet.

Meine Frau und ich haben es an uns selbst erfahren. Wir stellten fest, daß unser Freundeskreis von Gleichaltrigen und Älteren immer kleiner wurde; manche zogen weg oder schränkten wegen ihres Alters den Verkehr ein oder starben. Wir berieten uns und beschlossen, junge Menschen zu uns zu bitten. In kurzer Zeit gab es eine Verjüngung unseres Freundeskreises. Wir luden junge Menschen zusammen mit älteren ein — zum Entzücken von beiden. Inzwischen wächst aber schon wieder eine neue Generation heran, die Jungen sind verheiratet und haben Kinder; einige von diesen sind schon acht bis zehn Jahre alt oder gar im Pubertätsalter. Sie alle werden ernst genommen, und wenn sie Wünsche und Probleme haben, kommen sie schon zum alten Onkel, und man bleibt mit ihnen jung ...

DIE VIERTE TROTZPHASE

Die Psychologin Charlotte Bühler beschreibt in der Entwicklung des Kindes drei Trotzphasen, die mit dem Verselbständigungsprozeß einhergehen: etwa im dritten Jahr die erste, im sechsten die zweite und in der Pubertätszeit die einschneidendste, die dritte. Da sie Jugendpsychologin ist, hat sie die weitere Entwicklung nicht mehr beschrieben; dabei ist die vierte Trotzphase, die im höheren Alter aufzutreten pflegt, ebenso unangenehm wie die ersten drei.

Es ist ganz natürlich, daß ein mangelhaft oder langsam durchblutetes Gehirn in seiner Leistung, seinen Reaktionen, seinem Denkprozeß verlangsamt reagiert. Der Mensch ist gezwungen, sich einzuengen, sich der ihm verbleibenden Vitalität und seinen Kräften gemäß zu verhalten. Vieles, was auf dieser Welt passiert, geht ihn nicht unbedingt mehr an. Er hat mehr Muße, sich in sich zu kehren, nachzudenken, zu meditieren, und wenn er es gelernt hat, das Wesentliche vom Unwesentlichen zu unterscheiden, dann wird er fortan eine strenge Auswahl treffen und sich mit dem Wesentlichen beschäftigen.

Wenn ein alternder Mensch jedoch verpaßt hat, mit den Jahren zu reifen — und das geschieht leider in unserer schnellebigen Zeit nicht selten —, dann kann seine Einengung fatale Züge annehmen. Es ist die alte Geschichte mit den sauren Trauben; was er nicht erreichen kann, das lehnt er ab als nicht bekömmlich. Das ist der Ursprung des Trotzes und des

Eigensinns. Für ihn gilt nur noch das, was er für gut hält, alles andere ist verderblich und schlecht. So gibt es alte Menschen, denen niemand mehr helfen kann, weil sie in ihren Urteilen starr und ablehnend geworden sind. Das erstreckt sich auf Politik und Weltanschauung, auf die Kunst und die jeweilig geltende Lebensform.

Eine alte Baronin wurde — es war in den zwanziger Jahren — von mir zum Zug gebracht. Es war ein sehr heißer Tag. Ein Zug lief ein. Aus den geöffneten Fenstern schauten Männer heraus, die ihre Jacken abgelegt hatten; sie waren in Hemdsärmeln. Da sagte die betagte Baronin zu mir: „Schau dir doch diese unverschämten Lümmel an; wie wagen sie es, halbnackt vors Fenster zu treten!" — Ich erwiderte, sie seien doch nicht halbnackt, und es sei fürchterlich heiß; aber die alte Dame blieb hartnäckig bei ihrer Meinung und bezichtigte mich, ich sei wohl auch von dieser modernen Seuche angesteckt.

Zum Eigensinn gehört untrennbar die Selbstgerechtigkeit. Was man tut, wie man denkt — nur so ist es richtig. Und da, wie sie meinen, es nur eine richtige Art zu leben gibt, so ist es natürlich die ihre.

Es ist erstaunlich, wie langsam sich die Welt entwickelt hat, weil alte, eigensinnige und selbstgerechte Männer ihr vorstanden. Die Geschichte ist voll davon, voll von Unduldsamkeit und retrograden Tendenzen! Da will der spanische König Philipp II. den Panamakanal bauen, um einen Verbindungsweg vom Atlantischen zum Pazifischen Ozean herzustellen. Sein Beichtvater, ein alter Jesuitenpriester, verbietet es ihm unter dem Hinweis auf das Wort der Bibel: „Der Mensch soll nicht trennen, was Gott verbunden hat." — Der Kanal wird erst 300 Jahre später gebaut.

Robert Koch, ein einfacher Landarzt, der in unerhörtem Fleiß und Eifer die Tuberkelbazillen im Mikroskop entdeckt und sie gezüchtet hat, berichtet von seiner Entdeckung, die ungeheure Folgen für den Kampf gegen diese Krankheit und für die Gesundheit haben kann, in der Medizinischen Gesellschaft zu Berlin. Der Papst der Medizin, Rudolf Virchow, der zugegen ist, verläßt protestierend den Saal. Er hat seine Zellularpathologie begründet, und die Existenz von Kleinstlebewesen paßt nicht in sein Konzept.

Der junge zwanzigjährige Mediziner Hickman entdeckt, daß Menschen und Tiere bei Anreicherung von Kohlensäure im Raum ohnmächtig werden. Er fängt an, mit Tieren zu experimentieren, er operiert die Tiere in einer Art Narkose. Eine weltweite Erfindung; doch alle sind abweisend und niemand glaubt ihm. An der Sitzung der Académie Française, auf die er mit seiner Eingabe Monate lang warten mußte, proklamierte der berühmteste französische Chirurg Velpeau: „Die Vermeidung von Schmerzen bei Operationen ist eine märchenhafte Vorstellung, und man soll sich nicht damit befassen." — Die Entdeckung fiel unter den Tisch, Hickman starb im Elend mit neunundzwanzig Jahren, von allen vergessen. Erst zwanzig Jahre später wurde die erste Narkose von einem anderen Erfinder, Morton, in die chirurgische Behandlung eingeführt.

Es ließen sich tausende solcher Beispiele anführen. Immer scheitern die Jungen an dem Starrsinn der

Alten. Die Tochter eines berühmten Berliner Pathologen erzählte mir, daß sie nie mit ihrem Vater Auto fahre; das sei ihr zu gefährlich. Er sei ein Fanatiker des Rechts, und wenn er im Recht sei, fahre er den anderen glatt über den Haufen, was auch schon öfter passiert sei.

Natürlich kommt dieser Eigensinn nicht von ungefähr, und er ist nicht nur eine Eigentümlichkeit des alternden Menschen. Er bildet sich schon in der Jugend oder im reiferen Alter, und immer ist er ein deutliches Zeichen, daß die Weiterentwicklung des Menschen, sein Reifungsprozeß, zu Ende ist. Er ist nun fertig und erstarrt. Gerade das, was der Mensch nicht sollte; denn bis zum letzten Tag seines Erdendaseins soll er sich fort- und hinaufentwickeln, sonst ist Gottes Absicht verfehlt und vertan.

Wir fragen: Ist eine solch fatale Entwicklung abwendbar, oder schlittert der Mensch ganz unbewußt, und sozusagen ohne eigene Schuld, da hinein? Wir sollen aber nicht unbewußt leben; wir sollen unser Tun und Verhalten mit unserem Verstand kontrollieren und uns bessern, wenn wir merken, daß in unserer Person etwas falsch gelagert ist! Es kommt aber darauf an, was für ein Bild wir vom Menschen haben. Haben wir gar kein Bild und wollen bloß leben, gesund sein und die Gaben des Lebens für uns selbst genießen, dann werden wir auch nicht an uns arbeiten. Haben wir jedoch das Bild eines Weisen vor uns, dann sind wir verpflichtet, Tag für Tag für uns etwas zu tun, wie der gute Gärtner es mit einem guten Obstbaum macht: Alle wuchernden Triebe beschneiden. Das trägt Früchte. Kein Weiser ist von selbst in die Weisheit hineingewachsen, er hatte die gleichen Triebe und Aggressionen wie jeder von uns. Er wußte aber, was er aus sich machen wollte, und nun, mit seiner Weisheit und Geduld, seinem Verständnis und der Fähigkeit zuzuhören, mit seinem Mut, jemandem vorsichtig die Wahrheit zu sagen, ist er ein engelhafter Mensch geworden, und er verfügt über die „anziehende Kraft". Die Menschen suchen ihn, sie fühlen sich in seiner Gegenwart geborgen, wenn sie auch nicht ahnen, daß alles, was an ihm spielerisch und leicht wirkt, die Frucht einer harten und konsequenten Arbeit ist.

„Metanoite!", sagt Jesus: „Denkt um, schaltet um!" Wenn wir merken, daß wir unduldsam und ungeduldig gegen andere werden, von ihnen ungut reden, dann ist es allerhöchste Zeit, umzudenken.

VERKLEINERUNG DES LEBENSRAUMS

Das Alter ist nicht nur rosig und auch nicht nur geruhsam. Wenn wir auch nicht mehr arbeiten müssen, um Geld zu verdienen, so ist oft die Rente, die wir beziehen, so klein, daß wir uns sehr einschränken müssen. Und es kommen noch andere schwerwiegende Probleme auf uns zu: Viele ältere Menschen leben allein, sie bewirtschaften ihre Wohnung, vielleicht betreuen sie ein Tier, das sie lieben und das ihr einziger Kamerad ist. Aber wenn die körperlichen und geistigen Beschwerden zunehmen, wird uns die Haushaltarbeit, das Einkaufen und Kochen, Wäschewaschen und Putzen zuviel. Auch eine kleine Wohnung erfordert mancherlei Pflege. Man wird vergeßlich und unkonzentriert, man läßt etwas anbrennen oder vergißt, den Herd auszuschalten. Sogar die kleinen Dinge wachsen sich zu einem Problem aus. Was sollen wir tun?

Unsere Freunde raten uns, in ein Heim zu ziehen. Das erscheint uns völlig unvorstellbar. Man war bisher allein, entschied über seinen Tageslauf, nun soll man in eine Gemeinschaft alter Menschen. Man mag alte Menschen eigentlich nicht, außer sich selbst natürlich! Es ist ein ungeheurer Entschluß, ja eine Katastrophe! Natürlich scheut der alternde Mensch alle grundlegenden Veränderungen, er hängt an seiner Wohnung, an seinen Möbeln; wie sollte er vieles davon loslassen?

Hier stehen wir vor der Situation des jungen reichen Mannes, der zu Christus kam. Er wollte brennend gerne dem Meister nachfolgen und fragte ihn, was er tun solle. Christus forderte ihn auf, all seinen Besitz zu verschenken und zu ihm zu kommen. Der junge Mann konnte sich von seinem Besitz nicht lösen und ging bekümmert von dannen. Ob er fortan noch viel Freude an seinem Besitz hatte?

Der Sinn unseres Lebens ist — loszulassen. Buddha sagt zu einem Schüler, der mit reichen Gaben zu ihm kommt: „Laß fallen, laß fallen!" — Der Schüler, obwohl erstaunt, daß seine Gaben nicht angenommen werden, läßt sie fallen. Dann schaut Buddha ihn an und sagt noch einmal: „Laß fallen!" — er solle auch sich selbst, sein kleines Ich, fallen lassen, und der Schüler begreift es; dann erst wird er vom Meister angenommen.

„Der Mensch lebt nicht vom Brot allein." Auch nicht von den Möbeln und Kleidern und dem lieben Firlefanz, der sich in einem langen Leben angesammelt hat. Loslassen ist die Parole. Es bleibt uns noch genug: die Erinnerungen, die Arbeit an uns selbst und der Auftrag, den anderen zu begegnen und zu helfen. Das Leben der letzten Jahre ist und kann wunderbar farbig und reich sein.

Zugegeben, daß ein Wohnungswechsel und besonders ein Ortswechsel, der manchmal damit verbunden ist, ein schweres Erlebnis darstellt. Wir trennen uns von vielen lieben Nachbarn, von den Verkäufern in den Läden, von dem gewohnten Straßenbild. Und alles, was auf uns zukommt, ist neu und bedrohlich. Aber der Mensch ist kein Baum, der in der Erde wurzelt. Christus vergleicht uns mit dem Vogel, der frei und unbehaust in den Lüften fliegt und dessen Heim die ganze Welt ist. Je mehr Wurzeln wir fassen, desto schwerer wird uns die Loslösung, die Trennung.

Es kommt sehr auf die Mitmenschen an, denen wir im Heim begegnen. Gewiß finden wir dort neue Freunde und neue Aufgaben und, losgelöst von den Sorgen des Alltags, vom Kochen und Saubermachen, haben wir mehr Zeit, uns mit den wesentlichen Dingen zu beschäftigen.

Vor einigen Tagen war ein sehr lieber, schüchterner Jüngling bei mir, der mir klagte, es kämen ihm immer die Tränen, wenn er über sein Schicksal nachdenke. (Sein Vater ist Trinker und verdarb dem Sohn seine ganze Kindheit und Jugend.) Er sei lieber allein und möchte sich am liebsten in sich selbst verkriechen. Die Kameraden in der Schule behagten ihm auch nicht, sie seien Angeber und selbstsicher, und sie redeten hiner seinem Rücken, er sei stolz und unnahbar. „Bist du das denn?" fragte ich. — „Nein, ganz und gar nicht, aber ich scheue mich; ich könnte auch niemanden in mein schreckliches Zuhause einladen." — „Versuche doch, Anschluß an sie zu finden. Weißt du, dieses Angeben ist auch nichts anderes als Unsicherheit, genau wie dein Stolz. Daneben sind sie sicherlich ganz gute Kerle und hilfreiche Kameraden. Versuche nur, hinter ihre Maskerade zu kommen!" — Er hörte aufmerksam zu. Es wird sich zeigen, ob es ihm gelingt, Kontakt zu gewinnen.

Uns geht es auch so wie diesem Jüngling, wir sperren uns gegen den Kontakt. Ist einer nett und freundlich zu uns, fragen wir uns: „Will er etwas von mir? Warum ist er sonst freundlich, er kennt mich doch gar nicht!“ — Als ob es nicht eine natürliche Freundlichkeit gäbe, die auf alle ausstrahlt.

Wir sollten nicht warten, bis jemand zu uns kommt und uns die Freundschaft anbietet. Tun wir doch den ersten Schritt, machen wir, wenn es auch nicht üblich ist, einen Besuch bei unseren Nachbarn. Freundlich und kurz und nicht gleich so, daß wir jedem langatmig unsere Lebensgeschichte und unsere Kümmernisse erzählen. Fragen wir lieber, wie es ihm geht und ob wir ihm irgendwie helfen könnten.

Es gibt wunderbare Altersheime mit fröhlichen Menschen, die zufrieden und glücklich sind, weil sie miteinander leben; und es gibt wahre Höllen von Heimen, wo jeder gegen jeden ist, weil der Leiter, der den Intrigen und Klatschereien zuhört, menschlich nicht in Ordnung ist.

Ein Heiminsasse beklagte sich bei mir, daß er dort nutzlos sei. Ich schlug ihm vor, einige Heimmitglieder zu besuchen und zu fragen, ob sie an einer Lesestunde interessiert seien. Er wolle zweimal in der Woche nachmittags etwas vorlesen, oder man könnte auch in Grüppchen Spiele machen. Er war sehr skeptisch und meinte, er werde auf Ablehnung und Mißtrauen stoßen. „Haben Sie Mut, es zu tun, und es wird gelingen, und wenn nur wenige mitmachen.“ — Er hat es gewagt und hat nun die Freude, daß er einen kleinen Kreis von Menschen um sich versammelt, die sich auf die Zusammenkünfte freuen. Er ist dadurch beschäftigt, da er sich auf das Vorlesen vorbereiten muß. Nun schlug ich ihm vor, in der Adventszeit in der Dämmerstunde Tee oder Kaffee zu trinken und dazu Pfefferkuchen und Äpfel anzubieten. Er solle kleine Beträge sammeln, die das ermöglichen. Er tat es, und die Freundschaft festigte sich immer mehr. Eine alte Dame sagte, sie hätte noch nie so schöne Adventstage erlebt, sonst seien der November und Dezember für sie die finstersten und traurigsten Monate gewesen. Dann schlug ich ihm vor, seine Freunde aufzufordern, irgendeine markante Geschichte aus ihrem eigenen Leben zu erzählen. Sie taten auch dies und freuten sich, daß sie selbst zur Zusammenkunft etwas beisteuern konnten.

Man kann nicht damit rechnen, daß jemand kommt und etwas für einen tut. Da kann man lange warten. Aber wenn man selbst aus seiner Reserve, dem Mißtrauen und dem Eigensinn heraustritt, Augen und Ohren öffnet und erfährt, daß die Welt Gottes so schön ist wie am ersten Tage, da sie erschaffen wurde, dann vermag man auch im hohen Alter, auch mit manchen Gebresten behaftet, das Dasein als schön zu erleben.

ZEIT ZUR MEDITATION

Man hat so viel davon gehört und weiß fast nichts darüber. Und doch wußten unsere Vorfahren in allen Ländern dieser Erde sehr genau, was es ist. Es ist nicht nur das Erbe der Inder, Chinesen oder Japaner; auch der Katholik und der Protestant wußten davon und übten es. Alle unsere großartigen Mystiker: Meister Ekkehart, Meister Suso und Tauler, Angelus Silesius, Jakob Böhme, Ruisbroek, Johannes vom Kreuz, der heilige Franz von Assisi waren große Meister der Meditation.

Diese Kunst des nach Innengehens, der Besinnung und inneren Betrachtung versiegte, als das technisierte Leben hastig und vordergründig wurde, als die Menschen begannen, ihr Ich wichtig zu nehmen und nach außen zu leben. Seit die Meditation keinen Platz mehr in unserem Leben hat, haben sich die Neurosen wie Ungeziefer verbreitet. Immer mehr suchen Menschen Hilfe in der Psychoanalyse und Psychotherapie, weil sie den Zugang zu sich selbst, der nur in innerer Ruhe und Stille gefunden werden kann, verschüttet haben. Nicht ohne Grund werden uns unzählige Bücher über dieses Thema aus allen Kulturgebieten angeboten. Viele von uns naschen daran voll Neugier und in Erwartung von Sensationen. Da aber Meditation eine innere Ausrichtung und eine stete Disziplinierung unserer Person bedeutet, lassen die Menschen von dieser Übung sehr schnell wieder ab.

Nun, im zunehmenden Alter sollte man sich dieser

Übung wieder zuwenden! Wie macht man das? In jeder Kultur gibt es unzählige Methoden der Meditation, die durch Wiederholung kleiner Gebete, Gesang, Summen von Psalmen, Betrachtung eines sakralen Gegenstandes oder gar eines Punktes an der Wand und durch viele andere Hilfsmittel erreicht wird. Jeder kann sich das ihm Gemäße aussuchen. Entscheidend ist, daß der Mensch solche geistlichen Übungen in größtem Ernst vornimmt, daß sie für ihn nicht Mittel zur Gesundheit oder Verlängerung des Lebens sind, sondern einzig dem Zweck dienen, zu einer innigen Verschmelzung von Individuum und Gott, Individuum und Kosmos zu führen; dann erst wird der Mensch weltweit, weil er sich in jeder anderen Kreatur, in jedem anderen Ding, in Gott wiederfindet und die untrennbare Verwandtschaft erlebt. Aus solchem Erlebnis wird er reich, gesund, froh und glücklich, und er kann fortan gar nicht anders sein. Kein böser Gedanke, kein Mißtrauen, kein Haß, kein Verdruß und keine schlechte Laune wird ihn anfechten, denn er erlebt sich als Gottes Kind.

Jeder Mensch, der Kluge und der Dumme, kann und darf meditieren, jeder nach seiner individuellen Lage. Was man dazu braucht? Einen Bezirk der inneren Stille und Ruhe. Man sucht sich eine Stunde aus, in der man nicht durch Besuche und Telefone gestört wird. Man setzt sich bequem hin und versucht reglos zu sein. Das ist gar nicht so einfach. Man soll weder mit dem Kopf wackeln, noch mit den Augen zwinkern, noch die Finger oder die Füße bewegen. Das wird einem zuerst unmöglich erscheinen; denn da wir es überhaupt nicht mehr gewohnt sind, still und reglos zu sein, wird dieses oder jenes Organ in uns zucken oder sich bewegen. Erst nach einer langen Weile wird es uns gelingen, eine halbe Stunde entspannt zu bleiben. Dabei kommt auch unser Vegetativum und unser Kreislauf zur Ruhe, der Atem wird harmonisch, und wir erleben ein bisher unbekanntes Körpergefühl. Aber nicht nur die Finger und Zehen und Augenlider sollten nicht zucken, auch die unruhigen hin- und herjagenden Gedanken sollen sich beruhigen. Es ist ein weiter Weg, bis wir uns von den zufällig in uns entstehenden Gedanken frei machen, unseren Sinn auf ein Bild, auf einen Gedanken konzentrieren können.

Was für ein Objekt wählen wir für unsere Meditation? Man kann jedes beliebige Objekt nehmen. Wenden wir uns doch unserem Atem zu, dem Vorgang, der unseren Leib mit dem ätherischen Stoff aus dem Kosmos füllt, mit der Luft, dem geistigen Element, das alle Kreatur ernährt, die Pflanzen und die Tiere. Verfolgen wir die eingeatmete Luft, wie sie ganz von selbst in unsere Nasenlöcher einströmt; sie ist zunächst kalt, wird aber im Nasenrachenraum erwärmt; sie gelangt in die Luftröhre, in die Bronchien und in die Lungenalveolen. Dort wird sie vom Blut aufgenommen, das sie zum Herzen und vom Herzen in allen Adern und Äderchen durch den ganzen Körper trägt, bis sie ihren Sauerstoff abgegeben hat. Sie kehrt dann in den abführenden Gefäßen, in den Venen, angereichert mit Kohlensäure, zum Herzen zurück, gelangt wieder in die Lungen und wird vom Brustkorb und Zwerchfell wieder durch Nase oder Mund ausgestoßen. In der Natur wird diese Luft wieder umgesetzt, denn die Pflanzen bedürfen der kohlensäurehaltigen Luft und atmen sauerstoffhaltige aus. Bedenken wir noch, wie wichtig dieses unsichtbare unkörperhafte Element für das Leben ist. Wir können etwa vierzig Tage (wie Yogis gezeigt haben) ohne Nahrung leben, wenige Tage ohne Flüssigkeit und nur wenige Minuten ohne Luft. Wenn die Gehirnzellen nur kurze Zeit keine Sauerstoffzufuhr erhalten, gehen sie zugrunde, es tritt Bewußtlosigkeit und Tod ein.

Versuchen wir es, diesem Atemvorgang zu lauschen. Wir können das Geräusch des Ein- und Ausatmens hören, oder das Schwingen des Blutes in unserem Gehirn, oder das Pulsieren in den großen Adern fühlen. Wir sollten dankbar sein für das große Geheimnis, das alle Geschöpfe gleichmäßig durchströmt, die guten und die bösen, jene, die wir lieben und die wir ablehnen. Es läßt uns eins fühlen mit allem Geschaffenen. Der Inder meditiert über das Wort: „Tat twam asi" (das bist du), oder: „Soham" (ich bin er), oder: „Aham Brahm asmi" (ich bin Brahma). Das bedeutet alles dasselbe und meint die tiefste Verbundenheit aller miteinander.

Können wir, wenn wir in der rechten Art eine halbe Stunde täglich meditiert haben, dann noch in den Gemeinschaftsraum gehen und bei einer Tasse Kaffee über eine Nachbarin schlecht reden oder jemandem mißtrauen oder uns ärgern? Wenn das noch möglich wäre, dann würde ich meinen, daß man nicht in der rechten Weise meditiert hat. In dem Vorgang der Meditation fallen immer mehr Schlacken von uns ab, wir werden immer wesentlicher. Das bedeutet absolut nicht, daß wir unseren goldenen Humor dabei verlieren oder gar tierisch ernst werden müßten. Keinesfalls: wir werden lebenbejahender und froher.

Angelus Silesius, der große Meister der Meditation, der immer heiter war, sagt:

Ein wesentlicher Mensch ist wie die Ewigkeit,
die unverändert bleibt von aller Außerheit.

und:

Wenn du die Dinge nimmst ohn allen Unterscheid,
so bleibst du still und gleich in Lieb und auch im Leid.

Man soll alle Hast und Ungeduld ablegen. Das geht nicht vom ersten Tage an. Man soll auch nicht verzagen und meinen, das sei nichts für einen. Jedes Lernen erfordert Geduld und Mühe. Wie lange hat es gedauert, bis wir aus Buchstaben Wörter machen konnten und bis unsere Hände eine Melodie auf dem Klavier oder der Laute spielen, bis wir das Gleichgewicht auf dem Fahrrad halten konnten. Es wird einem nichts geschenkt. Aber welche Freude überkam uns, als wir merkten, daß wir das, was wir lernten, beherrschten!

Ja, das war in unserer Jugend, da war unser Gehirn noch frisch; jetzt sind wir alt und zum Lernen unfähig! Wer so spricht, der wirft sich selbst weg, dem kann nicht geholfen werden. Aber wer sich sagt, daß sich ihm hier eine Gelegenheit bietet, wieder etwas zu lernen, etwas ganz Besonderes und Großes, etwas, an dem er noch wachsen und sich geistig verjüngen kann, der soll solche Möglichkeit ergreifen. Schon nach kurzer Zeit wird er wahrnehmen, daß er sich ganz leicht zu entspannen vermag, und zwar nicht nur für die halbe Stunde der Meditation, sondern zu jeder passenden Gelegenheit. Weil er sich entspannen kann, wird sein Schlaf tiefer; denn die Schlaflosigkeit, an der so viele alte Menschen leiden, ist ja gerade die Unfähigkeit, sich loszulassen, sich fallen zu lassen, sich zu entspannen, seine Gedanken abzuschalten.

Und wenn ein Mensch, der allmählich Meister der Entspannung, der Gedankenentleerung geworden ist, sich in der Welt und seiner Umgebung umschaut, siehe, seine geistigen Augen sind andere geworden; er sieht die Welt mit einem anderen Verwandtschaftsgefühl an. Wo sind all die bösen und widerlichen Menschen, die ihm nicht wohlwollten, geblieben? Er findet nur liebenswürdige oder hilfsbedürftige Geschöpfe, und er weiß sich aufgerufen, ihnen zu dienen und zu helfen. Und er tut es in einer Freudigkeit, die er an sich bisher nicht gekannt hat. Er, der bisher einsam war, ist es nicht mehr; man kommt zu ihm zu einem kleinen Gespräch, um einen Rat zu holen oder einfach um in seiner Nähe zu sein. Denn man spürt ein wundersames Geheimnis an ihm: daß hier ein Mensch ist, wie Gott ihn gedacht hat.

Jean Pierre de Caussade sagt: „Es gibt niemand auf der Welt, der nicht durch die liebevolle Erfüllung verborgener und gewöhnlicher Pflichten ohne Schwierigkeit zu der allerhöchsten Vollkommenheit gelangen kann.“

Und welche Lebensfülle spricht aus den Worten

von Thomas Traherne: „Und weiter, du wirst dich nie an der Welt recht freuen, wenn du nicht die Schönheit dieser Freude so liebst, daß du begierig wirst und danach strebst, andere zum selben Genuß zu überreden, und wenn du nicht die abscheuliche Verderbnis der Menschen, welche die Welt verachten, so vollkommen hassest, daß du lieber die Flammen der Hölle über dich ergehen ließest, als wissend ihres Irrtums schuldig zu sein. — Die Welt ist ein Spiegel unendlicher Schönheit, doch sieht dies kein Mensch. Sie ist ein Tempel der Majestät, doch achtet dies kein Mensch. Sie wäre ein Gebiet des Lichts und des Friedens, wenn die Menschen sie nicht in Unruhe stürzen würden. Sie ist das Paradies Gottes. Sie ist dem Menschen mehr, seitdem er gefallen ist. Sie ist die Stätte der Engel und das Tor des Himmels. Als Jakob aus seinem Traum erwachte, sagte er; »Gott ist hier, und ich weiß es nicht. Wie furchtbar ist diese Stätte! Hier ist nichts anderes als Gottes Haus, hier ist die Pforte des Himmels!« " —

Welch wunderbare Worte! Und wir — sofern wir uns dieser Tatsache innerlich bewußt werden —, wir stehen an der Pforte des Himmels, wir sind die Pförtner zu dieser Stätte, du und ich, wir alle! Aber nur wenn wir unser Wesen verwandelt haben!

Natürlich bleibt es nicht bei einer halbstündigen Meditation. Wenn wir da recht hineinwachsen, dann wird unversehens unser ganzes Leben eine Meditation: die Pflege unserer Persönlichkeit, unserer Sprache, unseres Betens, unseres Umgangs mit Menschen, Tieren, Pflanzen, Geräten und Gegenständen. In solch beglückender brüderlicher Gesinnung fällt alles Zufällige, alle Unlust von uns ab, und unsere Tage werden heiter und reich. Denn von nun an stehen wir in einer größeren, einer göttlichen Liebe und wissen: alles, was wir tun, ist ein Auftrag Gottes.

EIN DANK AN MEINE ALTEN MEISTER

Soweit ich in meinem langen Leben zurückzublicken vermag, waren es vorwiegend alte Menschen, die mir zum Vorbild wurden und die meinem Leben eine Richtung gaben. Zugegeben, daß dem Zehnjährigen Menschen von vierzig bereits als Greise erschienen — jedenfalls fand er zwischen vierzig und achtzig keinen rechten Unterschied; alle waren eben alt. Mit dem zunehmenden Alter wurden die Alten jünger, und nun, da man selbst alt geworden ist, sind sogar die Uralten zu „älteren Menschen“ avanciert. Und wenn man sich selbst, an der Schwelle der siebzig, fragt, ob man wohl alt sei, dann ist das eine Bezeichnung, die eigentlich nicht ganz zutrifft.

Unvergeßlich bleibt mir der alte Onkel Iwan Tarletzki, der Herr von Staroje Girejewo, der jüngste alte Mensch, den ich kannte. Ich habe nie herausgebracht, wie alt er wirklich war. Mit seinem weißen Haar und dem schönen weißen Bart wirkte er wie ein Prophet aus der Bibel. Er war Kosakengeneral gewesen, also mußte er schon dem Rang nach entsprechend alt sein. Er war immer von Jugend umringt und geliebt, weil er uns liebte und verstand. Mit allen unseren geheimen Problemen gingen wir zu ihm, und wenn wir etwas Dummes angestellt hatten, war er es, der die erzürnten Eltern wieder beschwichtigte. Für uns Junge war er so etwas wie der liebe Gott. In seiner Gegenwart konnte uns unmöglich etwas Ungutes geschehen, seine ruhigen Bewegungen, die breiten Schultern und die melodisch tiefe Stimme waren ehrfurchtgebietend und gewährten Schutz. Er brachte es fertig, seinen großen Besitz zu vergeuden; er hatte drei unglückliche Ehen und einen Sohn, zu dem er kein rechtes Verhältnis hatte. Aber für uns Jugendliche war er die größte Autorität. Die kleinen Webfehler seines Daseins störten uns absolut nicht. Und als er uns in einem Gespräch, da wir ihn nach seinem Alter fragten, mitteilte, er fühle sich nie älter als siebzehn, von da an gehörte er ganz zu uns. Sein Leben verlosch mit dem Zerfall des Zarenreichs. In einer Sturmnacht, in der die tausendjährige Eiche vor dem Tarletzkischen Schloß zerbarst, hauchte er, alleingelassen in dem großen alten Gebäude, nur von dem uralten Diener, meiner Mutter und mir betreut, sein großartiges, liebendes und verspieltes Leben aus.

Vor dem Ausbruch des Ersten Weltkrieges besuchten meine Mutter und ich in Nizza meine Urgroßmutter, Vaters Großmutter, Jekaterina Aleksejewna Tschelistschewa-Chomjakowa, die Tochter des Religionsphilosophen Aleksei Chomjakow. Sie war Ende siebzig. Ich fürchtete mich sehr vor ihr, hatte ich doch schon mit Mutters Großmutter schlimme Erfahrungen gemacht, und die Vorstellung, daß eine Urgroßmutter so etwas wie ein Drache sein müsse, hatte sich in mir fixiert. Sie bewohnte auf der Piazza Grimaldi den alten Palazzo Cataldi. Sie war bei der Thronbesteigung des Zaren Alexander III. aus Rußland fortgegangen, nachdem sie sich mit ihm wegen seiner reaktionären Tendenzen verzankt hatte.

Wie war ich überrascht, eine großartige, weise und

gütige Frau anzutreffen, die mit mir zwölfjährigem Jungen wie mit einem Erwachsenen sprach und mich offenbar ernst nahm, was man damals nur von wenigen Erwachsenen sagen konnte. Jungen dieses Alters möchten sich austoben, sie sind auf Abenteuer aus, und der alte Palazzo barg viele Möglichkeiten dazu mit seinen Tapetentüren und Verliesen und den von Spinnweben überzogenen Ecken des Dachbodens. Aber es hielt mich an der Seite der alten Dame zurück; in ihren Erzählungen wurde das alte Rußland lebendig, Gogol und Solowieff und Kirejewski. Diese Augen hatten noch in ihre Augen geschaut, und ihre Hände hatten deren Hände gedrückt.

Ich werde nie den Abschied vergessen. Sie nahm eine seltsame Familienikone des Propheten Elias von der Wand und segnete uns damit. Obwohl niemand daran gedacht hatte, wußte sie schon mit Gewißheit, daß es Krieg geben und daß das Zarenreich zugrundegehen werde. Uns waren es unheimliche Prophezeiungen, aber für sie waren es bereits Tatsachen, denen sie offen ins Auge schaute, genau so offen wie dem eigenen Tode, über den sie ohne Pathos als von einem selbstverständlichen Ereignis sprach. Wir wissen doch, wie, sobald jemand von seinem Sterben zu sprechen anfängt, alle geflissentlich bemüht sind, ihn von diesem Thema abzubringen, weil es ihnen peinlich ist und sie nicht wissen, wie sie sich dabei verhalten sollen. Das Gespräch mit jener alten Dame gab mir für mein ganzes Leben und für meine Begegnung mit Sterbenden als Arzt den Mut, offen und ohne Sentimentalität über den Tod zu sprechen.

In Deutschland wurde mir die Gnade zuteil, mit einer königlichen Frau zusammenzuleben. Es war die russische Pianistin und Musikwissenschaftlerin Ella von Adajewski. Sie lebte bei ihrer Freundin Baronin Didi Loë auf Schloß Segenhaus, dem Schloß der Königin Carmen Silva von Rumänien. Sie war damals schon an der Schwelle der achtzig, doch spielte sie täglich sechs Stunden Klavier, und ich habe vorher und nachher niemanden so ergreifend Chopin spielen hören wie sie. Sie befaßte sich mit Volksmusik und sprach unzählige Sprachen. In den letzten Jahren ihres Lebens lernte sie noch keltisch und walisisch, um die uralten Lieder dieser Völker lesen zu können. Wenn ich mit ihr die Poppelsdorfer Allee in Bonn hinunterspazierte, erklärte sie mir die enge Beziehung zwischen Musik und Architektur; sie bezeichnete das barocke Sommerschloß des Kurfürsten, Poppelsdorf, musikalisch als ein Rondo — ein Hauptthema in der Mitte, an den Seiten kleinere Wiederholungen und dazwischen Verbindungsstücke. Seit der Zeit vermag ich Architektur in musikalische Formen umzudeuten. Im Park von Schloß Segenhaus schrieb sie den Gesang der Vögel in Noten auf, und sie konnte jede Melodie auf das Klavier übertragen. In ihrer Gegenwart stand man staunend vor einem erfüllten Leben, das von der Jugend bis zum letzten Atemzug offen war für alles, was in der Welt geschah. Sie lernte von allen, sie ließ sich vom Bäckerjungen erzählen und von der Waschfrau, und sie sprach mit dem Hund, der Katze und den Pferden wie mit Menschen; sie hörten ihr zu, und man wußte, sie verstanden sie. Eines konnte ich nicht verwinden, als sie starb. Ich fragte mich: Wo ist das alles geblieben, diese Welt von Erinnerungen, Wissen, schöpferischen Kräften, Sprachen und der innere Gehalt, von dem diese Persönlichkeit erfüllt war? Wohin ist das alles gegangen? Einen Teil nahmen ich und die, die ihr nahestanden, in sich auf. Aber doch nur einen winzigen Teil!

Ihre Gastgeberin und Freundin, Baronin Didi von Loë, die Tochter des Generalfeldmarschalls Walter von Loë, wurde für fast dreißig Jahre meine Pflegemutter. Wie sehr kann sich ein junger Mensch wie ich in der Fremde glücklich fühlen in der Ausstrahlung eines gütigen, reifen, weisen Menschen. Ein junger Mensch ist von Natur widerborstig, ungeduldig, dranghaft, unbedingt, revolutionär, überkritisch. Die Gegenwart eines stillen und unaggressiven Menschen, der sich immer in der Gewalt hat und seine persönlichen Unpäßlichkeiten überwindet (Tante Didi war von Jugend an nervenkrank und fast gelähmt und an das Bett gefesselt), wirkte besänftigend und verfeinernd. Sie lebte unser Leben, das meiner Pflegeschwester Lia und meines mit, sie teilte unsere Freuden und Kümmernisse und nahm unsere Freunde herzlich auf. Wenn wir in unserem jugendlichen Ungestüm frech oder eigensinnig oder gegen andere Menschen unfreundlich waren, sagte sie uns ganz still ein Wort: „Nehmt euch nicht so wichtig!" — Wir verstanden es wohl nicht gleich, aber nach und nach fiel es in unsere Seelen, und wir begriffen, was es bedeutet, sich nicht wichtig zu nehmen. Und wir lernten es an ihr, die keine Stunde des Tages ohne Schmerzen war und deren Sinn immer auf andere gerichtet war, die, wo sie nur konnte, anderen mit einem Wort, einem Brief, einem Geschenk half und sie tröstete und deren Wirkungskreis vom Bett aus ein großer war.

Ich habe seither viele, viele Kranke, Scheinkranke, Leidende und angeblich Leidende erlebt. Aber an Didi Loë habe ich gelernt, wie man Leid tragen und es überwinden kann und wie man nicht nur Achtung gewinnt vor einem Menschen, der in dieser Weise sein Leid als Auftrag erlebt und erfüllt, sondern wie er zum Beispiel wird für viele andere Leidende. Wenn diese ihr eigenes Leid mit dem seinen vergleichen, müssen sie feststellen, daß angesichts dieser Bürde ihr eigenes Leid nur klein ist, und sie werden still.

Didi Loë war die Pflegetochter der alten Fürstin Maria zu Wied, der Mutter der Königin Carmen Silva, die sie als junges krankes Mädchen bei sich aufnahm und die ihr all ihre Weisheit und Erfahrung weitergab. Von Didi lernte ich einen Begriff, der nicht nur ein Wort ist, einen Begriff, auf dem die Kontinuität der Welt besteht: „Filiation" — „Sohnschaft". Damit ist gemeint: Nicht nur, was der Vater, der Ahne, auf den Sohn vererbt, sondern auch, was einer von der Summe der Wesen, die auf dieser Welt lebten — den Heiligen, den Helden, den Philosophen, den Lehrern, den Künstlern — in sich aufgenommen hat: alles, was andere geschaffen, gedacht, gebaut haben und was unser Leben reich macht. Wir sind die Söhne von Michelangelo und vom heiligen Franz von Assisi, von Goethe und von jedwedem, dessen Werk uns erfreut, dessen Gedanken uns belehren und trösten. Und wenn wir den Begriff dieser Filiation in uns aufgenommen und verarbeitet haben, dann werden wir unermeßlich reich; denn es entsteht eine ganz neue innige Beziehung zwischen uns und jenen längst Vergangenen, die unsere Meister sind!

In den zwanziger Jahren hielt ein alter Mann einen Vortrag über seine Erfahrungen mit der Wünschelrute. Am Schluß der Ausführungen ging ich zu ihm und dankte ihm. Er merkte, daß ich interessiert war, und lud mich für einen Sonntag in seinen „Palazzo" ein. Ich zog meinen besten Anzug an und pilgerte nach Ramersdorf am rechten Rheinufer. Der „Palazzo" war ein kleines Einfamilienhaus, in dem Graf Schlieffen in einem winzigen Zimmer zur Miete wohnte. Er hatte einen großen Besitz in Pommern oder Mecklenburg gehabt, dann hatte es irgendeinen großen Familienskandal gegeben, irgend jemand hatte irgendwen vergiftet. Jedenfalls hatte er das Durcheinander in seiner Familie satt gehabt und sich in die Stille verzogen. Mit Stolz zeigte er mir seine „Eremitage", in der nur ein schmales Bett, ein Schrank und ein Schreibtisch Platz hatten. Er öffnete eine Tür, und wir traten auf den winzigsten Balkon, den ich je sah, wir konnten zur Not zu zweit darauf stehen. Er zeigte mir entzückt die Landschaft und meinte, er sei noch nie in seinem Leben so glücklich gewesen wie hier. Keine Lakaien, keine Hausverwalter, niemand, der ihn betrog und an der Nase herumführte. Er zeigte mir in dem ebenfalls winzigen Garten das Wünschelrutengehen und freute sich wie ein Kind, wenn die Rute in meinen ungeübten Händen ausschlug.

Dann spielte er mir etwas auf der Zither vor. Er hatte bereits einen Schlaganfall erlitten und die Finger glitten nicht mehr so behend über die Saiten, es ging alles viel langsamer; aber er genoß es, einen Zuhörer zu haben. Als es Abend wurde und ich mich verabschieden wollte, bat er mich, noch das Abendessen mit ihm einzunehmen. Er zündete umständlich einen Spirituskocher an, schnitt einige Tomaten und Speck in kleine Stückchen und schlug Eier darüber. Die Art, wie er sich freute, daß das Gericht gelang und mir gut schmeckte, entzückte mich. Ich sah ihn oft wieder. Daß ein alter Mensch am Ende seines Lebens Reichtum, Würden und seinen Gesellschaftskreis verläßt, um in Dürftigkeit zu leben, und daß er diese Dürftigkeit zu einem paradiesischen Reichtum umzuwandeln versteht, das fiel mir tief in die Seele, und seitdem war mir Armut und Dürftigkeit nie ein Schrecken, solange es noch Brot, Eier und Tomaten gab!

Auch die Begegnungen mit meiner halben Landsmännin, der Schauspielerin Elsa Wagner, gehören zu den tröstlichen Stunden meines Lebens. Sie ist Baltin, zum Teil in Rußland aufgewachsen und hat ihre Laufbahn dort begonnen. Sie ist jetzt hoch in den achtzig, was man eigentlich nicht sagen darf; doch die Zeitungen haben es längst ausgeplaudert. Sie steht noch auf der Bühne, und jeder ihrer Auftritte ist ein erregendes Erlebnis. Man gerät sogleich in den Bann ihres überschäumenden Temperaments. Ihre Geburtstage sind wie ein lustiger Jahrmarkt. Die halbe Welt kommt zu ihr, um zu gratulieren, und sie ist die lebhafteste, die liebenswürdigste und die temperamentvollste, mit einem Wort, die jüngste von allen. In den unzähligen Jahren, die meine Frau und ich sie kennen und mit ihr befreundet sind, ist es uns noch nie vorgekommen, daß sie auch nur ein halbes böses Wort über einen Menschen gesagt hätte. Sie strahlt so viel Wohlwollen und Freundlichkeit aus und stellt sich auf jeden ein, der zu ihr kommt, daß dieser meint, es gebe keinen anderen Menschen auf der Welt als ihn. Der alte Minister Schiffer, vierundneunzig, sagte lachend zu uns: „Wegen zu hohen Alters ist mit einem Ableben nicht mehr zu rechnen." Die Berliner Bühne ohne Elsa Wagner ist kaum zu denken. Welche Gnade für sie und welches Beispiel für uns, daß es in diesem Alter noch eine solche Lebensfülle gibt!

Eine humorvolle russische Dame an der Schwelle der achtzig besucht gelegentlich meine Sprechstunde. Sie stammt aus der Stadt Toropez, in der die Tschelistscheffs seit dem vierzehnten Jahrhundert herrschten. Wir reden dies und jenes aus alten Zeiten. Dann fragt mich Hedwig Barth, wie lange sie nach meiner Meinung zu leben habe, sie selbst gebe sich noch zwei Jahre. Ich bin sehr streng mit ihr und sage, das sei nicht ihre Sache: wenn Gott sie rufe, müsse sie gehen, ob jetzt oder in zwanzig Jahren. Sie lacht fröhlich und meint, ich hätte recht und sie mache sich jeden Tag dafür bereit in Fröhlichkeit und Dankbarkeit. Ihr Leben sei wohl nicht gerade leicht, schwere Jahre in Rußland, die Flucht, die Anpassung an die Fremde und das Alleinsein in einer kleinen Wohnung, die vielen Beschwerden und die täglichen Aufgaben.

Aber wenn sie es sich überlege, das Gute und das Schwere, alles zusammen sei schön, sie fühle nichts als Dankbarkeit, und so dankend wolle sie auch über die Schwelle treten, ohne Angst und Bedauern. — Zum Abschied umarmen wir uns nach russischer Art mit drei Küssen auf die Wange. Muß man eine solch großartige Frau, die im Herzen noch so jung, so fröhlich und gelassen ist, nicht küssen?!

HEILFAKTOR FREUDE

Die Griechen begrüßen sich seit Tausenden von Jahren mit dem Wort „Chairete“ — „freuet euch“. Dieses Wort geht wie ein roter Faden durch die Evangelien und die Briefe der Apostel Paulus und Johannes. Evangelium heißt übersetzt „die frohe Botschaft“. Es sollte also das wesentlichste Anliegen des Christen sein, froh zu sein und sich zu freuen. Kann man sich im Alter noch freuen? Freude ist die Gabe einer glücklichen Natur, eine Antwort auf das Leben, auf das Geschenk des Lebens; und Freude ist glücklicherweise unabhängig vom Alter, vom Gesundheitszustand und vom Besitz. Ich habe sogar die Beobachtung gemacht, daß arme, kranke und alte Menschen sich mehr zu freuen vermögen als gesunde, reiche und junge. Die ersteren wissen den Schatz der Gesundheit nicht recht zu schätzen, die zweiten werden freudlos, weil sie sich alles, was sie nur wollen, leisten können, sie sind übersättigt, und junge Menschen haben noch so viele Forderungen an das Leben, daß sie nicht gewahr werden, wie sehr sie bereits beschenkt worden sind.

Ein Mensch, der mißgünstig ist oder der immer von den anderen Menschen alles für sich vom Schicksal erwartet, wird sich nie freuen können. Die Fähigkeit zur Freude hängt mit dem Bewußtsein zusammen, daß wir keine Forderungen an das Leben stellen dürfen, daß aber Gott einiges von uns verlangt. So gesehen, wird uns alles geschenkt; und über Geschenke pflegt man sich zu freuen und für sie zu danken. Mir schickte einmal ein junges Mädchen einen sehr lieben Brief und ein Photo. Sie war vollständig verkrüppelt, fast alle Gliedmaßen waren gelähmt, sie tippte mit dem Fuß auf der Schreibmaschine. Aber sie sprach von der Freude, von der Liebe und Fürsorge ihrer Eltern und ihrer Bekannten, von ihrer Korrespondenz mit vielen Schriftstellern, von ihrer Freude an schönen Büchern und guten Fernsehsendungen, von ihrer lieben treuen Katze. Wenn man so etwas erlebt, dann weiß man, daß Freude nichts kostet und überall zu finden ist, wenn man nur die inneren Augen und Ohren dafür aufmacht und dazu die Bereitschaft hat. Freude ist eben nichts von außen Kommendes, es ist etwas zutiefst Innerliches.

Ich habe mir vor einigen Tagen durch einen dummen Tritt den großen Zeh gebrochen. Nun kann ich nur mit Mühe und steten Schmerzen auftreten, ich brauche jetzt den ganzen Fuß zum Gehen, Autofahren und zum Stehen bei Vorträgen. Siebenundsechzig Jahre lang habe ich diesen Zeh gehabt und ihn nicht bemerkt, er war eben da, er gehörte zu mir und übte wortlos und ohne Pathos seine Funktionen aus. Nun habe ich ihn gebrochen, und nun wird mir bewußt, daß ich ihm in all der Zeit nie „Danke" gesagt habe für seine treue Mitarbeit. Nun muß ich ihn schonen, darf ihn nicht abrollen, wegen des ständigen Schmerzes und der Schwellung muß ich viel an ihn denken. Aber ich denke jetzt anders an ihn: mit Dankbarkeit, und wenn er wieder heil sein wird, werde ich ihn sicher wie früher strapazieren, doch mit einem anderen Gefühl und Bewußtsein. Ich werde ihm dankbar sein und mich freuen, daß er wieder funktionsfähig ist.

Mancher wird mir verdrossen entgegnen: „Warum soll ich mich freuen, ich habe keinen Anlaß dazu; niemand denkt an mich, niemand kommt mich besuchen.“ — Ihm kann ich nur erwidern, daß er den Sinn des Lebens nicht begriffen hat. Die ganze Welt mit ihren Lebewesen und Stoffen ist eine durchgehende geheime Bruderschaft, und wenn man das mit seinen Gedanken einmal verfolgt hat, so kann man sich nicht mehr abseits stellen, man ist und bleibt in diesen Zauberkreis hineingestellt. Jeder von uns trinkt morgens seinen Kaffee, Tee oder Kakao und ißt ein Brot oder Brötchen mit Butter oder Margarine dazu. Stellen Sie sich vor, daß der Kaffee irgendwo im heißen Brasilien oder Guatemala von Pflanzern gehegt, von den Ärmsten der Armen, den Pflückern, gepflückt, verfrachtet, später in Säcke verpackt und auf Schiffe gebracht wird. Der Tee wird in China oder Indien gezogen und der Kakao in Afrika oder Südamerika. Hunderte von Händen haben diese Pflanzen angefaßt, gehegt, gewaschen, sortiert, verpackt, transportiert. Jeder hat dabei an seinen kleinen oder großen Verdienst gedacht, und fast niemandem ist es eingefallen, daß er mit dieser Arbeit nicht nur sein Brot verdient hat, sondern daß am anderen Ende dieses Zauberkreises irgendjemand in einem Zimmer sitzt und gemütlich aus seiner hübschen Tasse sein Getränk schlürft.

Wenn man sich aber die Mühe macht, seine Phantasie diesen Weg zurückschweifen zu lassen, das ergäbe tausend Lebensgeschichten, tausend spannende Romane, die ein Dichter interessanter nicht ausdenken könnte. Tiere und Menschen, Pflanzen und Mineralien, Bakterien, alle sind in diesen Prozeß hineinverwoben. Vordergründig zanken sich die Menschen und die Staaten, machen Kriege gegeneinander, hassen sich, schaffen politische, religiöse und Rassenprobleme, aber zur selben Zeit trinken wir den Tee von den Chinesen oder Indern, essen Bananen von den Negern, und wir könnten schon lange nicht ohne einander leben.

Zum Frühstück gehört für viele die Tageszeitung. Wenn sie einmal nicht da ist, weil die Zeitungsfrau erkrankt ist, dann fängt der Tag für uns falsch an. Aber denken wir daran, wenn wir die Zeitung zur Hand nehmen, daß die Frau noch in der Dunkelheit des frühen Morgens, bei Regen, Wind und Schnee den Weg zu unserer Tür macht und daß ein Heer von Journalisten und Druckern nachts für uns arbeitet? Damit wir leben können und unser tägliches Brot, unsere Heizung und Unterhaltung haben, sind Tausende von Menschen, unsichtbar und unerkennbar, eingespannt, um uns das zu vermitteln. Ist das nicht ein ganz großes Wunder und ein Grund zu Freude und Dankbarkeit?

Der Mensch, der in Freude lebt, unterscheidet sich grundlegend vom Freudlosen. Der erstere weiß sich täglich und stündlich beschenkt, weil ihm in diesem Sein nichts zusteht und alles Gnade ist, was er empfängt. Der andere wartet meist vergebens, daß seine vielen Wünsche erfüllt werden, denn er meint, das vom Leben fordern zu können. Doch niemand kommt und schenkt ihm etwas. So ist er mißvergnügt, und da seine Person auf das Negative gerichtet ist, wird er naturgemäß krank und hypochondrisch. Der frohe Mensch hat keine Zeit, krank zu sein, und wenn eine Krankheit, aus Versehen sozusagen, ihn befällt, dann benimmt er sich auch ihr gegenüber freundlich und macht kein Wesen daraus.

Es gibt Menschen, die aus ihren Gebrechen einen lebenfüllenden Beruf machen. Sie erzählen lang und breit davon, aber niemand will es hören, es ist den Menschen peinlich, und sie fliehen den ewig Klagenden. Manche sind schwer krank, aber auch in diesem Zustand denken sie noch an die anderen. Eine Freundin von mir liegt im Krankenhaus mit vierfachem kompliziertem Beinbruch und mit schrecklichen Schmerzen. Jedesmal, wenn ich sie nach ihrem Zustand frage, berichtet sie mir so kurz als möglich über sich und fragt gleich nach anderen Dingen, um von sich abzulenken. Ich bin voll Bewunderung für solche Haltung. Dabei hilft sich der Mensch selbst am besten damit, daß er nicht nur um seine kleine Person und seinen Schmerz kreist.

Die Freude treibt uns das Blut in die Wangen, macht unsere Augen glänzend und die Mundwinkel lächeln, der Mensch wird schön. Und er kann ein Leben in Freude zu einem Dauerzustand machen. Grund genug hat jeder von uns. Begegnen wir einem freudigen Menschen, so strahlt die Freude auf uns über, und wir selbst werden froh. Freude und Mißvergnügen sind wie ansteckende Krankheiten; kommt man mit ihnen in Berührung, so wird man angesteckt. Wieviel schöner und wertvoller ist es aber, von Freude angesteckt zu werden. Man sage nicht: wie soll man sich freuen, wenn gar kein Anlaß dazu vorhanden ist? Freude hat kein „Warum“ — sie wird aus nichts geboren, sie ist ein reiner Seelenzustand. Wenn der Mensch sich mit Gott und der Welt in Harmonie weiß, dann ist er froh.

Es gibt Menschen, die sich wie Kinder freuen können, wenn man ihnen etwas schenkt, und es gibt solche, die ein Geschenk entgegennehmen, ohne aufzuleuchten, ohne recht zu danken. Wie gerne schenken wir Menschen, die sich darüber freuen können; wir selbst werden durch diese Freude beschenkt. Neulich hörte ich eine Dame zu einem Herrn sagen: wenn sie ihm begegne, so begrüße er sie mit einer Herzlichkeit, als ob er Monate nur darauf gewartet hätte, ihr zu begegnen. Das mache sie ganz glücklich. Natürlich wisse sie, daß er zu allen gleichermaßen freundlich sei, aber durch solche Freundlichkeit werde das Selbstgefühl gehoben. Steht es uns nicht auch zu, alle, denen wir begegnen, mit solcher Herzlichkeit zu begrüßen? Es müssen nicht immer Gaben und Geschenke sein; ein liebes Wort, ein Gruß, ein Telefonanruf genügt.

Ein großer und erfahrener Christ, Frank Buchman, der Gründer der „Oxford Group“ und später „Moralischen Aufrüstung“, rät den Menschen, ein kleines Notizbuch bei sich zu tragen, und wenn sie unterwegs an einen Menschen denken, es in das Büchlein einzutragen und ihm gleich ein paar Zeilen zu schreiben oder ihm zu telefonieren. Vielleicht ist er gerade in Not und bedarf unserer Hilfe oder eines Zuspruchs.

Wir schimpfen über die viele Kartenschreiberei zu Weihnachten und zu Geburtstagen, es macht viel Arbeit. Und doch freuen wir uns, daß man an uns denkt. Ist es Ihnen schon aufgefallen: wenn von hundert einer unserer Freunde oder Bekannten uns nicht gratuliert, so kränkt uns das mehr, als wir uns über die anderen freuen, und wir fragen uns, was er wohl gegen uns haben mag? Meine Mutter sagte immer zu mir: „Denke daran, wenn du einen Brief nicht beantwortest, so ist es, als wenn du eine dir zum Gruß ausgestreckte Hand nicht ergreifen würdest." Ob arm oder reich, krank oder gesund, alt oder jung, wir haben jede Stunde des Tages Gelegenheit, freundlich zu sein und Freude zu verschenken, sei es auch nur, daß wir unseren Postboten, die Zeitungsfrau, die Verkäuferin oder den Busschaffner fragen, wie es ihm geht und ob er heute Kummer habe. Aus diesen Worten fühlt er, daß er einem liebenden Menschen begegnet, daß er nicht nur eine Berufsfunktion, eine Nummer ist, sondern ein Mensch. Was würde es uns kosten, einen alten ängstlichen Menschen oder ein Kind über den Zebrastreifen zu geleiten, oder mit einem Hund, der vor dem Metzgerladen angebunden ist und ängstlich auf sein Frauchen wartet, fünf Minuten zu sprechen und ihn zu trösten. Das Leben bietet sich zur Freude an; es liegt allein an uns, an unserer Einstellung, ob wir sie annehmen und innerlich verarbeiten, oder ob wir uns unserem Pessimismus und dunklen Egoismus hingeben!

Johannes der Täufer und Jesus selbst rufen ihren Hörern immer wieder zu: „Metanoite!" – „Denkt um! Wendet euch!" Wendet euch der Freude, der Güte und der Liebe zu, und damit, nur damit erfüllt ihr das Gebot der Frohbotschaft: „Freuet Euch!"; denn nur ein freudiger Mensch bleibt immer jung, er ist quasi ohne Alter, und er gehört allen, weil die ganze Welt, alle ihm gehören!

FALSCHES DENKEN, FALSCHES LEBEN

Wie wir denken, so leben wir. Auf dieser Erde hat der Mensch eine bevorzugte Stellung gegenüber allen anderen Geschöpfen, weil er die Gabe des schöpferischen und des unterscheidenden Denkens besitzt. Wenn in der Bibel davon geschrieben wird, daß Gott den Menschen nach seinem Bild geschaffen habe, so ist in diesem Bild vornehmlich die Fähigkeit des Denkens inbegriffen. Aber wir tragen eine lange Schleppe von Urerinnerungen hinter uns: der Vogel in uns, das Reptil in uns, das Raubtier in uns, sie leben in versteckten Winkeln unserer Seele fort, und manchmal werden sie mächtig und nehmen Besitz von uns. Jeder von uns hat es schon an sich selbst und an anderen erlebt, daß man „außer sich" geriet, daß man sich nicht mehr unter Kontrolle hatte. Das ergibt ein recht unliebsames Bild vom Menschen.

Aber wir schleppen auch die Gedanken, Eigenheiten, Ängste und Tabus unserer Ahnen hinter uns her, und es ist außerordentlich schwer, sich von diesem Ballast zu befreien. Die meisten wollen sich gar nicht davon loslösen; denn es ist nichts bequemer, als in alten, vorgeformten Klischees zu denken und zu handeln. Und gerade diese alten Klischees sind oft voll von Aberglauben und Abermeinungen. Da gibt es die Nachbarschaftsprobleme: Die Nachbarvölker riechen schlecht und sind schmutzig. Der Franzose der vergangenen Zeiten sagte von uns: „sale boche"; wir sprachen von den dreckigen Polen oder

Russen. Sie alle sind nicht dreckiger und nicht sauberer als wir. Verachtet wird, wer einer anderen Konfession oder Religion angehört. Schon die Kinder in der Klasse necken und mißhandeln einen Andersgläubigen. Noch viel grauenvoller wirkt sich der Rassenhaß aus. Er ist nahezu unausrottbar, und man kommt diesem feindseligen Gefühl mit keinen Vernunftmitteln bei. Tod und Vernichtung stehen am Ende solcher Gesinnungen.

Wir sind außerordentlich rasch und unkritisch in unserem Urteil, das dann fast immer endgültig ist. Wir haben irgendeinen Klatsch über einen Menschen gehört; bereitwillig nehmen wir die fremde Meinung an und machen sie uns zu eigen. Wir beginnen einen Menschen zu hassen oder zu verachten, den wir selbst vielleicht kaum kennen. Und wir sind selten geneigt, diese Meinung zu revidieren. Gleiches gilt für unsere hausbackene Moral, sie ist unser Maßstab; danach richten wir uns, und basta!

Unsere Selbstgerechtigkeit und autoritäre Haltung sind ohne Vergleich. Ein Vater oder eine Mutter, ein Lehrer, ein Arzt, ein Direktor, ein Meister, sie dulden keinen Widerspruch. Was sie sagen, denken, tun, das ist allein richtig. Wieviele Entfremdungen zwischen Eltern und Kindern entstehen auf diese Weise. Ihre selbstgerechte Einstellung könnte man etwa so schildern: Ich war mein ganzes Leben von der Richtigkeit meiner Auffassung überzeugt, ich habe die Andersdenkenden verachtet, ich habe viele Freundschaften zerbrochen, und ich habe es soweit getrieben, daß meine Hausangestellten es nur wenige

Wochen bei mir aushielten, daß meine Kinder das Weite gesucht haben und es nicht wünschen, daß meine Enkel mich sehen. Auch meine oder meines verstorbenen Mannes Freunde haben sich von mir abgekehrt. Ich habe für alles eine Erklärung und Entschuldigung. Die Menschen sind eben egoistisch und denken nur an sich, was sollen sie mit einem alten Mann oder einer alten Frau?! Überdies, die Jungen gehen sowieso ihre eigenen Wege, sie lehnen alles Althergebrachte ab und wollen das ganze Leben neu gestalten.

Man soll die Einstellung der Jungen respektieren. Wir konnten es ihnen nicht zeigen, wie man etwas neu macht. Dazu waren wir zeitlich viel zu wenig entfernt vom „Untertan", von „Blut und Boden", vom „lebensunwerten Leben", von „Gott mit uns" auf den Militärkoppeln. (Warum eigentlich „mit uns", gerade mit uns, und nicht mit den anderen?) Wir waren noch viel zu sehr daran gewöhnt, zu gehorchen und keine eigene Meinung zu äußern oder, wenn wir eine hatten, sie für uns zu behalten.

Und dieser Prozeß ist noch lange nicht zu Ende, denn in vielen politischen Systemen lebt solche Gleichschaltung der Gedanken und der Verhaltensweisen fort. Viele von uns haben, ohne gefragt zu werden, dreimal Treue schwören müssen: auf den Kaiser, auf die Republik, auf den „Führer"! Es kann keiner von uns verlangen, daß wir eine Kehrtwendung machen. Aber wir haben mit unserem Kadavergehorsam, mit dem Nichtvorhandensein von moralischem Mut, mit dem Duckmäusertum, dem totalen

Schweigen zu allen Verbrechen, die begangen wurden, uns an allem, was geschah, mitschuldig gemacht. Können wir unsere Jungen verurteilen, können wir erwarten, daß sie nach alledem uns achten, daß sie bereitwillig unsere alten Gewohnheiten übernehmen? Sie suchen einen neuen Weg. Es ist unendlich schwer, einen Weg aus dem Nichts zu schaffen, und es ist töricht, Anleihen bei solchen zu machen, die offensichtlich trotz radikaler Versuche auch nichts Besseres erreicht haben. Die Erbschaft von Jahrmillionen des Lebens aus dem Instinkt, aus Tabus, aus Aberglauben und Engigkeit ist eine schwere Hypothek. Diejenigen von uns, welche die Dinge unvoreingenommen zu betrachten vermögen, sehen, daß die Jugend mit den gleichen autoritären und brutalen Methoden für ihr Neues kämpft, wie die Menschen es immer taten; so aber schafft sie nur neue Tabus, und alles bleibt beim Alten.

In dieser vom Materialismus geprägten Zeit ist es auffallend, daß die Idole der heutigen Jugend Karl Marx, Bakunin, Krapotkin, Marcuse, Ho Tschi Min, Mao Tse-tung, Che Guevara heißen. Christus, dessen Zeit noch nicht gekommen ist, liegt wohl zu weit zurück. Auch er lehrte klassenlose Gesellschaft; aber seine Lehre enthält die denkbar größte innere Freiheit, die Sensibilisierung des eigenen Gewissens, Dienst, Demut und Liebe.

Nehmen Sie doch in einer ungestörten Stunde das Evangelium zur Hand und lesen Sie darin! Welch unerhörte Freiheit weht einen daraus an. Und fragen Sie sich, ob und wann Sie wirklich danach gelebt haben. Und — es ist nie zu spät — fangen Sie heute damit an!

Sie sind infolge Ihres falschen Denkens einsam geworden, Sie haben Ihre Kinder und Freunde verloren. Fangen Sie an umzudenken, fangen Sie an, die Gründe dafür endlich bei sich selbst und nicht bei den anderen zu suchen. Suchen Sie lange und gründlich! Ihr kleines Ego wird Ihnen immer vorsagen: „Wieso ich, ich war es bestimmt nicht, es waren die anderen; ich war immer gütig und geduldig, und ich wollte ja verzeihen, aber die anderen wollten nicht!" — Bringen Sie diesen kläffenden Hund Ihres „Ich" zum Schweigen, und denken Sie gut nach!

Wenn Sie, vielleicht endlich, zur Überzeugung gekommen sind, daß Sie wohl nicht ganz so unschuldig sind, wie Sie dachten, dann überwinden Sie sich und haben Sie den Mut, den ersten Schritt zu wagen. Schreiben Sie an Ihre fernen Kinder oder Freunde, bitten Sie um eine Unterredung, und halten Sie durch! Sagen Sie ihnen, daß Sie vieles falsch gemacht haben, und bitten Sie um Verzeihung. Sie werden vielleicht, nachdem Sie sich so weitgehend überwunden haben, Enttäuschungen erleben. Die anderen, die genauso selbstgerecht sind, wie Sie es bis vor kurzem waren, werden auftrumpfen und Ihnen noch mehr Vorwürfe machen. Nehmen Sie es auf sich, auch wenn es weh tut; das sind nur Retourkutschen: all den Schmerz, den die anderen durch Sie erlitten haben, wollen sie noch einmal auf Sie loslassen. Behalten Sie die Zügel diesmal in der Hand, und vielleicht gelingt es Ihnen, den Frieden wiederherzustellen.

Entwickeln Sie auch den sittlichen Mut, jemandem etwas zu sagen, wenn Sie feststellen, daß er sich falsch verhält. Wenn über einen Menschen geklatscht wird, so fragen Sie, ob man es dem Menschen nicht lieber persönlich sagen sollte? Und machen Sie den Klatschenden darauf aufmerksam, wie beleidigt er wäre, wenn er hören würde, daß man über ihn klatscht. Schweigen Sie nicht zu dem Unrecht, das geschieht. Wir alle sind an diesem Sein beteiligt. Durch unsere Untätigkeit und unser Unbeteiligtsein kann erst manches Unrecht geschehen. Ihr rechtes Verhalten wird Schule machen, man wird darauf aufmerksam und fragt sich: „Wo nimmt er den Mut her?" — Und das gibt anderen Mut!

JEDER TAG EINE GNADE

Was machen wir mit unserer Zeit? Wir lassen sie verrinnen. Acht bis zehn Stunden sind wir passiv, ergeben uns dem Schlaf, befinden uns in einem geheimnisvollen Bereich: es geschieht etwas mit uns, während unser Körper ruht. Einige Stunden vergehen mit der Körperpflege, mit der Instandhaltung unserer Wohnung und mit der Zubereitung der Speisen. Die Fahrt zur Arbeitsstelle und zurück nimmt uns Zeit und ebenso die Berufsarbeit, der mindestens ein Drittel des Tages gehört. Das sind Dinge, die der Erhaltung des Lebens, der Familie, dem Gemeinwohl dienen. Es bleiben nur wenige Stunden für den inneren Menschen, für eine Besinnung, ein Gebet, eine Meditation, ein schönes klärendes Gespräch mit einem nahen Menschen, ein gutes Buch.

Der Mensch lebt nicht vom Brot allein. Für das leibliche Wohl pflegen wir im allgemeinen recht gut zu sorgen, davon zeugt die Übergewichtigkeit der Bevölkerung, die Zunahme der Leberleiden, des hohen Blutdrucks, der Zuckerkrankheit und des Herzinfarkts. Tun wir aber genug für unseren inneren Menschen, für Geist und Seele? Der Chinese sagt: „Man kämmt jeden Morgen und Abend sein Haar. Wann kämmt man seine Seele?"

Man sagt, daß in zunehmendem Alter die Zeit schneller verrinnt. Nun, der Lauf der Zeit ist immer unerbittlich der gleiche. Wir aber wissen, daß unser Gastsein auf dieser Erde mit jedem vergehenden Tag kürzer wird. Die meisten von uns tun dennoch nichts, um den Tag einzufangen. — Carpe diem. Fange den Tag ein! — Wir können ihn nicht verlängern, auch nicht eine Sekunde festhalten; aber wir können ihn bewußt verschönern und mit Inhalt füllen, so daß wir jeden Abend, wenn wir uns zur Ruhe legen, für den schönen Tag danken können.

Aus solchem Bewußtsein kann jeder Tag für uns zu einer Gnade werden. An und für sich ist die Zeit, ist der Tag weder schön noch häßlich; es gibt sonniges und regnerisches, warmes und kaltes Wetter, das ist alles. Der Mensch ist es, der seinem Tag das Kolorit gibt. Wenn wir, wie so viele von uns, morgens schon mit Mißvergnügen aufstehen, Angst vor der Arbeit, vor den Begegnungen, den Anforderungen des Tages haben, Angst, daß uns vieles mißlingt, dann kann der schönste Tag zu einem schwarzen Tag werden. Stehen wir aber dankbar auf in dem Bewußtsein, daß sich uns ein neuer Tag mit neuen Aufgaben, Begegnungen, Freuden, Überraschungen öffnet und wir es sind, die ihm die Farbe und den Inhalt geben, dann kann er nur gut und schön werden!

Ein Patient, der sehr lange krank war und alles Zutrauen zu sich verloren hatte, stellte Antrag auf Invalidisierung, der aber abgelehnt wurde. Er war genötigt, wieder zu arbeiten, um leben zu können. Ich riet ihm, jedenfalls eine Arbeit anzunehmen. Ich war nicht sicher, ob er es bei seiner wehleidigen Einstellung und dem fixierten Krankheitsgefühl schaffen würde. Wie war ich überrascht, von ihm zu erfahren, daß er auf seinem Arbeitsplatz glücklich sei.

Es sei eine kleinere Firma, die von der Inhaberin nach dem Tode ihres Mannes weitergeführt werde. Die Chefin sei wie eine Mutter. Sie begrüße morgens ihre Arbeiter mit den Worten: „Na, Kinder, wie geht es, was werden wir heute tun?" — Sie verteile die Arbeit, die allen leicht von der Hand gehe. Es gebe keine Hast und kein Geschimpfe, und alle seien freundlich miteinander. Mein Patient sagte, er fühle sich wie ein neuer Mensch und freue sich jeden Morgen auf die Arbeit, und am Feierabend sei er gar nicht, wie sonst, müde und verbraucht. Ich war von seinem Bericht so begeistert, daß ich die Dame anrief, um ihr mein Kompliment zu sagen. Hier macht jemand etwas wahr, was in unserer Zeit so notwendig ist. Er füllt die Zeit aus mit Freude und Lust. Es ist sogar ganz gleich, welche Arbeit man verrichten muß, sie wird immer durch die rechte Gesinnung vergoldet.

Leben ist Auftrag und Aufgabe, und wenn wir das wissen, so stehen wir in einem Auftrag. Auftrag aber heißt Verantwortung. Eine Antwort der Person an das Leben, eine Antwort für Dinge, Menschen, Geschöpfe. Jeder, der in einer Verantwortung steht, ist davon erfüllt, und er bangt, ob er den Auftrag richtig versteht und durchführt. In Verantwortung leben, heißt aber durchdrungen sein von der Wichtigkeit seiner Aufgabe, und von dem Schaden, den man anrichtet, wenn man verantwortungslos handelt.

Wir bestrafen Verbrecher, die andere morden, die rauben oder stehlen. Aber ein Vater oder eine Mutter, die sich dem Alkohol ergeben und ihre Familie zerstören, ihre Kinder in Angst versetzen — oder Menschen, die jähzornig sind und sich nicht zu beherrschen vermögen, sind sie nicht potenzielle Mörder, die durch ihr Verhalten andere Menschen langsam quälen und seelisch hinmorden? Wir lesen diese Stelle vielleicht im Buch so leicht hin und merken gar nicht, daß auch wir gemeint sind. Durch jede Unfreundlichkeit, jede Unachtsamkeit, jedes böse Wort, jeden gedankenlos ausgestreuten Klatsch verletzen wir das Gebot Gottes, beleidigen wir Gott und seine Geschöpfe.

Ich habe einen jungen Patienten, ein begabtes Kerlchen, der in der Schule schikaniert wurde, weil er vielleicht etwas vorlaut und ein Gerechtigkeitsfanatiker war. Er wurde von verschiedenen Lehrern so weit gebracht, daß er nachts Albträume hatte und morgens sich erbrechen mußte, wenn er zur Schule gehen sollte. Im Gespräch mit dem Arzt fand er sein verlorenes Selbstvertrauen wieder und begann gut zu lernen; ich prägte ihm ein, daß er sich nicht vordrängen solle, sondern warten, bis er gefragt werde. Ich sprach mit seinen Lehrern, und sie begriffen, daß sie sich ihm gegenüber falsch verhalten hatten. Jetzt geht alles wieder in Ordnung, er freut sich auf die Schule. Aber nun meint er, die Lehrerin sei falsch; sie sei zwar sehr freundlich zu ihm und gebe ihm gute Noten, doch sie sei falsch! Ich belehrte ihn: „Wenn ein Mensch zu einem anderen freundlich und gütig ist, wenn er auch vorher aggressiv war, so müsse es nicht Falschheit sein; es sei doch möglich, daß er sein Unrecht eingesehen habe und es nun wiedergutzumachen suche. Er lauschte angestrengt; ich sah, wie es in ihm arbeitete, dann aber nahm er meine Worte auf. Nun hat sich seine Einstellung zu der Lehrerin gewandelt, er wurde von innen her freundlich und zutraulich, und jetzt berichtet er, daß die Lehrerin wie verwandelt sei, und eigentlich sei sie jetzt seine liebste Lehrerin.

Er ist derselbe, und die Lehrerin ist dieselbe, aber beide hatten sich wie gesträubte Stachelschweine in ihrem Haß und Mißtrauen verbarrikadiert, und nun begegnen sie sich von Mensch zu Mensch, und alles ist wieder gut.

Wie Blinde gehen viele von uns am Leben vorbei und vertun ihre Zeit; sie bleiben auf der Strecke. Übrigens ist der Ausdruck „Blinde" durchaus falsch; denn gerade Blinde sehen viel mehr als wir, sie sehen mit ihrem ganzen Wesen, mit Körper und Seele. Lernt man, auf den Sinn von Begegnungen, Briefen, Büchern, Gesprächen oder sonstigen Erlebnissen zu achten, dann wird man erleben, daß Gott einem immerzu Hilfen anbietet. Das ganze Leben, das für den Dummen nur materiell und vordergründig ist, ist eingebettet in Zeichen und Symbole, in Fragen und Antworten, und es liegt vor uns und wartet, daß wir in rechter Weise zugreifen. Wenn wir das tun — und es kann am letzten Tag des Lebens geschehen —, dann ergeht es uns wie dem Schächer am Kreuz, der des Paradieses für würdig befunden wurde, weil er in diesem Augenblick begriff, daß er im Paradies hätte leben können und es Tag um Tag verpaßt hatte.

Wenn wir aus solcher aufkeimenden Umkehr der Gesinnung abends vor dem Schlaf den Ablauf des

Tages nochmals Schritt für Schritt im Geiste durchwandern, dann wird uns bewußt: hier oder dort wurde uns aus dem Munde eines Kindes oder eines Fremden oder gar eines Freundes eine Botschaft zuteil; da hat uns jemand irgend etwas geschenkt oder an uns gedacht, wie wunderbar ist das! — Aber das ist nicht genug, wir müssen auch vorweisen, was wir für andere Gutes und Freundliches getan haben. Und wenn wir in Übung bleiben und jeder neue Tag etwas farbiger, freudiger und erlebnisreicher wird, dann spüren wir, wie wir von der Gnade überstrahlt werden!

IN HARMONIE MIT DEM UNENDLICHEN

Der amerikanische Philosoph und Lebensbejaher Waldo R. Trine hat ein Buch geschrieben, das diesen Titel trägt. Haben wir uns schon einmal gefragt, was Harmonie und was das Unendliche bedeuten, wir, die wir in den Kleinigkeiten des Daseins bis zu den Knien versinken und deren Sinn nur auf das Zeitliche gerichtet ist? Unsere eigene geliebte Zivilisation versperrt uns den Blick und das Gefühl dafür. Wann ist es uns möglich, den unendlichen Nachthimmel mit seinen Myriaden von Sternen über uns zu sehen? Wir gewahren nur einen kleinen Ausschnitt, den uns die Straße oder der Platz gewähren. Wir besitzen unsere eigenen Leuchten in den Straßenlaternen. Wann tritt ein Stadtmensch wirklich auf die Erde? Eine dicke Schicht von Asphalt, Röhren, Drähten, Kanalisationsanlagen und Untergrundbahnen befindet sich zwischen seinem Fuß und dem Mutterboden. Rechts und links umgeben ihn Mauern von Häusern.

Waren Sie im Leben schon einmal an einem Ort, der nachts nicht erleuchtet ist, dessen Himmel sich in seiner ganzen Ausdehnung über Ihnen wölbte und in dem Tausende von großen und kleinen Sternen blinkten? Wurden Sie da nicht von einem heiligen Schauer erfaßt? Mußten Sie nicht in der Weihe der Nacht still werden und schweigen? Und wurden nicht angesichts dieser Großartigkeit Sie selbst und Ihre zeitlich und örtlich begrenzten Probleme und Problemchen ganz klein und unbedeutend?

In der Stadt, die von Menschenhand geschaffen ist, kann der Mensch leicht an der Existenz Gottes zweifeln oder sie negieren — ganz gleich, wie wir diese Macht nennen wollen. Aber in der Natur, unter freiem Himmel, konnte da der Jäger, der Landwirt, die sich als kleinsten Teil eines unerhört Großen erlebten, etwas anderes tun als vor der Macht niederknien und sie in Ehrfurcht lobpreisen? Immer, wenn ich in meinem geliebten Ranerding bin, inmitten einer von der Zivilisation nicht verfälschten Landschaft und inmitten natürlicher Landleute, Tiere und Pflanzen, befällt mich das gleiche Gefühl der Weihe und Ehrfurcht. Dort ist der Lebensrhythmus noch von der Natur bestimmt, und die uralten Bräuche, die sich von Generation zu Generation vererben, haben noch ihren geheimen, symbolhaften Sinn. Der Mensch ist dort noch nicht abgetrennt vom Ganzen. Sein tägliches Tun, die Einnahme der Speisen, der festtägliche Gottesdienst, die frohen Feste, sie sind organisch in das Leben eingebaut. Geburt und Liebeswerben, Hochzeit, Krankheit, Alter und Tod stehen, wie eine musikalische Fuge, in harmonischer Beziehung zueinander. Der Mensch ordnet sich in das große Ganze selbstverständlich ein.

Im Rahmen der allenthalben sich entfaltenden Individualisierung, die in Hochkulturen paradoxerweise mit einer vermehrten Kollektivierung und Nivellierung einhergeht, verliert der Mensch seine rechte naturgegebene Beziehung zum Ganzen. Er erlebt sich selbst als einzelner, er wird überheblich, übersteigert seinen eigenen Wert und verliert die althergebrachten Maßstäbe. Der luziferische Prozeß, der irgendeinmal stattgefunden haben soll, als der Engel in seiner Selbstüberheblichkeit von Gott abfiel, spielt sich in jedem Individuum ab, das da glaubt, es lebe aus sich selbst. Dieser Abfall ist tragisch, und er führt zum Verlust der Mitte und zu Ver-rücktheit. Verrücktheit nicht so sehr im psychiatrischen Sinne als vielmehr, daß alle Begriffe durcheinander geraten und der Mittelpunkt, Gott, an die Peripherie gerückt wird. Ein solcher Mensch nimmt sich überaus wichtig, er ist darauf bedacht, daß auch andere ihn wichtig nehmen, er ist überempfindlich, mißtrauisch, immer bereit, seine Position zu verteidigen, darum zu kämpfen. Im Grunde liebt er nur sich selbst und solche, die bereit sind, ihn lauthals zu bestätigen. Innerlich ist er verletzbar, unsicher und unruhig; er steht auf der Bühne und möchte gesehen und gehört werden, er möchte „angeben“. Er ist wie ein schwaches und unsicheres Kind, das nur mit noch kleineren Kindern zu spielen vermag, weil es von Gleichaltrigen nicht bestätigt wird.

Wie soll ein Mensch, der nie richtig erwachsen wird, dessen Lebensimpulse lauter falsche Dinge, lauter Kulissen sind — wie Ehrgeiz, Geltungsdrang, Eitelkeit, Egoismus —, jemals für das Leben und für die Unendlichkeit, in die er wie alle Geschöpfe eingebaut ist, reif werden?

Wenn man einen ganzen Tag in der Sprechstunde sitzt, die für mich eine Hörstunde ist, dann hört man fast wie Klischees immer ähnliche Dinge, Dinge der Unreife: nutzlose Erregungen wegen Nichtigkeiten,

Aggressionen, Streitigkeiten, Mißverständnisse, Entfremdungen, Gehässigkeiten, unerhörte charakterliche Schwächen, Unbeherrschtheiten, Süchte, Alkohol, Tabletten, Rauchen, Rauschgifte, hemmungsloses Essen, Redesucht... Die Menschen sind in diesen vielen Kleinigkeiten des Daseins so befangen und verhärtet, daß sie es nicht begreifen, wenn man sie ermahnt, diesen Kram von sich zu werfen und wesentlich zu werden.

Wenn ihnen gelegentlich ein wesentlicher Mensch begegnet, so fühlen sie seine innere Ausgeglichenheit, seine Ruhe, seine Überlegenheit, und sie achten ihn; aber sie begreifen nicht, daß ihm das nicht in den Schoß gefallen ist, daß er an dem Wachstum und der Entwicklung seiner Persönlichkeit unentwegt gearbeitet hat und Tag für Tag weiter daran arbeitet.

Fallen wir aus der Harmonie mit dem Unendlichen heraus, so begrenzen wir uns selbst, wir verkleinern uns, auch wenn wir glauben, daß wir uns vergrößern. Wir binden uns an das zeitlich Begrenzte, wir sägen unsere eigenen Antennen zum Weltall ab. Wer aus der Harmonie herausfällt, der wird disharmonisch, er wird krank. Wir haben viele Namen dafür, wir nennen es „vegetative Dystonie“, weil unser empfindlichster Apparat, der im Stammhirn sitzt, durch falsches Leben, durch unangepaßtes Reagieren aus dem Gleichgewicht gerät. Die Folge ist: die Person wird krank. Es gibt die berühmten Managerkrankheiten — Magengeschwür, hohen Blutdruck, Schlaflosigkeit, Erregtheit, Herzinfarkt und so vieles andere. Ein harmonischer Mensch wird davon seltener befallen.

Wie kann denn aber einer, der bisher falsch gelebt hat, harmonisch werden? Das ist die Frage des reichen Jünglings an Jesus. „Was soll ich tun?" — „Geh, gib alles auf, was du bisher hattest, verkaufe alles und folge mir nach!" Das bedeutet jedoch nicht, daß man seinen Beruf und seine Familie an den Nagel hängen sollte. Man soll von Grund auf umdenken. Man soll aufhören, sich für den Mittelpunkt der Welt zu halten. Man soll alle anderen achten und lieben und ihnen gegenüber hilfreich und aufmerksam sein. Man soll weder seinen Besitz, der irgendwann von Mäusen, Ratten, Heuschrecken oder aber von einer Inflation aufgezehrt wird, noch seine Stellung in der Gesellschaft oder seine Autorität in der Familie wichtig nehmen. Wie schnell wird man sechzig oder fünfundsechzig Jahre alt und muß von einem Tag auf den anderen Beruf, Verantwortung und Würden aufgeben; dann merkt man, wie eitel alles war, um das man gekämpft hatte. Die nach uns kommen, halten sowieso alles, was wir getan und gewirkt haben, für falsch.

Ehe man den Mund aufmacht, um seine Frau, seinen Mann, sein Kind, seinen Untergebenen (seinen Chef schreit man sowieso nie an!) anzuschreien, soll man ihn schleunigst wieder zumachen und sich entschuldigen, daß einen solche Lust angekommen ist. Viele Menschen neigen dazu, sich und andere damit zu entschuldigen: man oder der andere sei eben krank oder in den Nerven herunter. Ich kann nur entgegnen, daß ich noch nie einen harmonischen und von Natur beherrschten Menschen gesehen habe, der durch Krankheit unbeherrscht geworden wäre. Wer gibt uns das Recht, mit unserer Unbeherrschtheit andere zu verletzen?

„Laß fallen“ sagt Buddha, „laß fallen, laß fallen!“ — Solches Loslassen tut uns not: das Verrücken der Gewichte, daß die wichtig scheinenden Kleinigkeiten endlich von uns abfallen wie vertrocknete Blätter und daß das Wesentliche in uns wachse und uns innerlich groß und weit mache. Und dann, irgendwann, kommt der Zeitpunkt, da man die Sprache der Menschen und nachher die Sprache der Tiere, der Pflanzen und der Gestirne versteht, weil man sie alle in sich selbst entdeckt hat. Dann weiß man, was Harmonie mit dem Unendlichen bedeutet!

MIT PROBLEMEN LEBEN

Das Leben ist voll von Problemen, voll von schwer lösbaren Situationen und Aufträgen! Jede Situation hat mehrere Lösungen oder auch gar keine. Wie oft fühlen wir uns im Leben wie im Traum oder wie im russischen Märchen: Gehst du geradeaus, kommst du um; gehst du nach rechts, dann fressen dich die Wölfe; gehst du nach links, gerätst du in die Hände des furchtbaren Zauberers, und kehrst du um, dann begegnest du der Gefahr, der du gerade entrinnen wolltest. — Es ist nicht immer so gefahrvoll und aussichtslos, doch wir stehen immer vor einer Entscheidung. Wir können nur eine treffen, aber wir wissen nie, ob wir die rechte getroffen haben, und wir können auch absolut nicht übersehen, welche Folgen diese Entscheidung haben wird.

Wenn das Problem uns allein betrifft, wie etwa eine Berufswahl, ein Ortswechsel, eine Reise, dann sind andere von solcher Entscheidung nicht betroffen. Die meisten Probleme entstehen aber im Zusammenleben mit den Menschen, und dann wird die Situation sehr schwierig, weil der andere oder die anderen in unser Leben hineinwirken und wir, soweit es ihren Daseinsbereich betrifft, uns für sie nicht entscheiden können. Ein problemloses Leben käme einem paradiesischen Zustand gleich, jedenfalls wünschen wir uns alle, so wenig Probleme wie möglich zu haben. Doch müssen wir uns recht früh gewöhnen, mit Problemen zu leben, und wir müssen lernen zu erkennen, welche Probleme zu lösen wir imstande sind und welche sich unserer Einwirkung entziehen. Typische Beispiele eines aufreibenden und nutzlosen Kampfes um jeden Preis gegen Probleme sind die Gestalten des Don Quijote von Miquel de Servantes und des Michael Kohlhaas von Heinrich von Kleist. Beiden wird alles und jedes zum Problem, und beide sind dadurch gekennzeichnet, daß sie Wichtiges von Unwichtigem nicht zu unterscheiden vermögen und daß sie keine Distanz zu den Dingen und zu sich selbst haben.

Fragen Sie einen Weisen — wenn Sie einem begegnen sollten —, ob er Probleme habe und wie er sie bewältige. Natürlich hat auch er seine Probleme. Da er aber gelernt hat, Distanz allen Dingen gegenüber zu wahren, so werden im voraus unzählige kleine Probleme von ihm abfallen oder gar nicht erst an ihn herankommen; die anderen wird er als unabdingbar auf sich nehmen und es der Zeit überlassen, sie zu lösen. Wir können uns auch fragen, ob wir morgen oder übermorgen dieses Problem, das uns heute beschäftigt, ebenso wichtig nehmen würden!

Je dümmer und ungeordneter, unreifer und reizbarer ein Mensch ist, um so mehr Probleme springen ihn an; sie sind wie kleine boshafte Teufel, die ihn umtanzen. Er wird weder innerhalb seiner Familie noch im Beruf noch mit seiner eigenen Person fertig und verstrickt sich immer mehr in ein Schicksal, das er sich selber bereitet, wenn er auch glaubt, daß die Götter sich gegen ihn verschworen haben. Manche dieser Menschen laufen von Astrologen zu Kartenlegern, Hellsehern und anderen Zukunftsdeutern, immer in der Angst vor ungünstigen Einstrahlungen oder in Erwartung von ersehnten Ereignissen. In Wirklichkeit ist es völlig gleich, ob unser Saturn im Quadrat zum Uranus, oder die Venus in Opposition zum Mars steht, diese Konstellationen wechseln; an uns ist es, das Leben und die Konstellationen zu meistern, ob wir um sie wissen oder nicht. Der Abergläubische aber läßt sich von dem Wissen um diese Dinge beeinflussen und verpaßt den wichtigsten Auftrag des Menschen: stetig wie ein Ochse, der auf das Feld zum Pflügen, Eggen und Ernten geführt wird, das Joch des Daseins auf sich zu nehmen und unbeirrt um die guten und weniger guten Tage die Arbeit an sich durchzuführen.

Manche Probleme stehen turmhoch vor uns, nur weil wir uns versteifen und um jeden Preis auf unserem vermeintlichen Recht bestehen wollen. Als Student war ich bei einer sehr reichen und freundlichen Industriellenfamilie für die Ferien eingeladen. Die achtzigjährige Großmutter, der der ganze Besitz gehörte, war eine Patriarchin, sie dominierte und tyrannisierte die ganze Familie. Alle hatten Angst vor ihr, und jeder hatte etwas vor ihr zu verbergen. Es war der komischste Eiertanz, den ich je erlebte, würdig einer Komödie. Alle wußten um ihre gegenseitigen Geheimnisse, nur die Großmutter wurde hintergangen. Wie schwer war es bei den zahlreichen Mitgliedern der Familie, sich nicht zu verplappern; denn dann war des Fragens und Bohrens und der Vorwürfe kein Ende!

Nachts standen wir an ihrem Bett, wenn sie ihre

Herzanfälle hatte; sie bereitete sich auf den Tod vor und verlangte, daß alle bei diesem feierlichen Akt zugegen seien. Mitten zwischen zwei Attacken fragte sie keuchend, ob Otto, der fünfunddreißigjährige Enkel und Syndikus des Unternehmens, der im Begriff war nach England abzureisen, ob Otto auch seine Zahnbürste nicht vergessen habe. Damals war ich noch jung und staunte, daß ein alter Mensch angesichts des bevorstehenden Todes noch an die Zahnbürste des Enkels dachte.

Eine Frau berichtete mir, daß sie nächtelang nicht mehr schlafen könne, und bat um ein Schlafmittel. Als ich sie nach dem Grund fragte, kam heraus, daß sie sich mit der Familie ihrer Tochter entzweit habe, weil der Schwiegersohn ein unleidlicher Kerl sei. Nun habe die Tochter silberne Hochzeit, und es wurme sie, daß sie und ihr Mann nicht dazu eingeladen wurden. Ich fragte sie, ob sie denn der Tochter trotzdem freundlich gratulieren und ihr Blumen schicken werde. „Nein, schließlich haben wir auch unseren Stolz!" — „Ja, den haben Sie, und wenn Sie ihn behalten, dann ist das Verhältnis zu Ihrer Tochter endgültig zerbrochen, und mit Ihrem Schlaf wird es auch nicht viel werden, denn Ihr Gewissen wird Sie des Nachts quälen. Ihr Stolz nützt Ihnen gar nichts. Schreiben Sie ihr lieb und nett und senden Sie ihr Blumen, und schreiben Sie unentwegt zu Weihnachten und Ostern und zum Geburtstag. Ihre Tochter müßte schon ein Unmensch sein, wenn sie hart und unnachgiebig bliebe." — Die Frau, die sich zunächst sträubte, gab schließlich nach, und allmählich ist das Verhältnis in Ordnung gekommen. War das nun ein echtes Problem, war es wirklich ein unlösbares Problem? Die Dummheit und Borniertheit auf beiden Seiten haben das Problem erst geschaffen. Es war ihnen allen wohler, als es aus dem Weg geräumt war.

Ein junger Mann kommt in die Sprechstunde und zeigt mir sein zerschnittenes Handgelenk: ein mißlungener Selbstmordversuch. In seiner Ehe herrscht ständiger Zank, sie reiben sich aneinander auf. Zum Abendessen servierte die Frau, die voll berufstätig ist und das Studium des Mannes finanziert, eine Bratwurst mit Kartoffelpüree aus der Tüte. Empört, weil er findet, daß das kein angemessenes Abendessen sei, feuert er den Teller mit der unschuldigen Bratwurst gegen die Wand. Die Frau läuft erbost und schreiend aus dem Haus, und er schneidet sich die Pulsadern auf. Alles wegen einer Wurst. So machen sich unreife und unbeherrschte Menschen ihre Probleme.

Wir können den Problemen nicht aus dem Wege gehen, auch nicht mit Beruhigungspillen oder mit Alkohol und Rauschgiftdrogen; sie lassen sich nicht abweisen. Man muß sich ihnen stellen. Nur muß man es lernen zu unterscheiden, was ein Problem ist und was ein Problemchen. Es geht nicht an, daß ein erwachsener Mensch sich so verhält wie ein vierjähriges Kind in der Sandkiste.

Eine junge Frau mit fünf Kindern wird von einer Leidenschaft erfaßt. Ihr ganzes Wesen strebt zu dem Geliebten. Was soll sie tun? Sie ist wie eine Wahnsinnige, sie ist bereit, ihren Mann zu verlassen; nur auf die Kinder möchte sie nicht verzichten. Ich habe den Mann bewundert. Er entschloß sich, die Frau zu halten, geduldig zu warten und nichts zu unternehmen, um die Familie nicht zu zerstören. Seine Geduld trug den Sieg davon. Nach einer Weile kühlte sich das Verhältnis ab, und die Frau kehrte zu ihren Kindern und ihrem Mann zurück. Er bewies so viel Takt, daß alles wieder ins Gleichgewicht kam.

Eine andere Frau gleichen Alters mit zwei Kindern betrog ihren Mann. Als sie aber gewahr wurde, daß er sie mit ihrer Freundin betrog, wurde sie wütend und verlangte sofort die Scheidung. Sie wurden geschieden. Die Kinder blieben beim Mann. Nun, nachdem sie wieder kühler über die Angelegenheit denken kann, möchte sie alles ungeschehen machen und zu ihrem Mann und ihren Kindern zurückkehren. Aber der Mann will nicht mehr. Die Ehe ist zerstört, die Leidtragenden sind die Kinder.

Eine freundliche und kontaktfreudige alte Dame wird von ihrer besten Freundin angeblich beleidigt. Sie beschließt, die jahrelange Freundschaft abzubrechen. Die andere ist auch beleidigt, weil diese vermeintlich ohne Grund mit Kränkung reagierte. Zwei Menschen sind entzweit, unglücklich, aber nicht zur Versöhnung bereit. Wenn man sie nach dem Anlaß fragt, wissen sie ihn nicht mehr genau.

Das Leben ist voll solcher unreifer und unguter Reaktionen, die aus Geltungsdrang, falsch verstandenem Stolz, Eigenliebe und innerer Verhärtung entspringen und die menschenunwürdig sind.

Der Apostel Paulus sagt, man solle über einem

Streit oder einer Entzweiung die Sonne nicht untergehen lassen. Wer von uns befolgt diese Lehre? Gehen wir in uns! Wieviele solcher Narben von Verletztsein tragen wir an unserer Seele! Wievielen Menschen haben wir Unrecht oder wehgetan? Und wenn wir uns nicht mehr wohlfühlen und nicht mehr gut schlafen können, sind es nicht die Dämonen unseres unguten Verhaltens, die uns nicht zur Ruhe kommen lassen? Werfen wir doch, angesichts der Lebenstage, die immer weniger werden, den unnützen Stolz, die Eifersucht, die Selbstgerechtigkeit, den Geltungsdrang, den Neid, den Haß, die Unversöhnlichkeit in die alte Mottenkiste, wo sie hingehören, und klappen wir den Deckel zu, damit sie nicht wieder herauskommen!

Jeder Tag kann unser letzter sein oder der letzte unserer Angehörigen. Wie oft höre ich dann das Wort: „Hätte ich das gewußt, ich hätte vieles anders gemacht, ich hätte mich nicht mit ihm oder ihr gezankt und ihn gequält!“

Wieviele Eltern, die sich nie richtig von ihren Kindern abnabeln, bleiben bis ins hohe Alter der Kinder um diese besorgt, mit oder ohne triftigen Grund. Den Kindern ist solch aufdringliche Fürsorge und Erteilung von ungefragten Ratschlägen unerwünscht, und das führt zu Entfremdung. Wir wollen gewiß unsere Kinder und auch die der anderen lieben; aber lassen wir sie in ihrem Leben entscheiden und mischen wir uns nicht in ihre Angelegenheiten! Werden wir gefragt, so sollen wir helfend beistehen, aber nur dann.

Oft erleben wir, daß uns nahestehende Menschen sich selbst durch unrichtiges Verhalten, durch Süchte oder durch falsche Entscheidungen zugrunderichten. Wie wenig können wir wirklich helfen. Was uns bleibt, ist, sie mit guten Gedanken zu begleiten und Vertrauen zu haben, daß sie einmal wieder auf den rechten Weg kommen.

Sortieren wir unsere Probleme, ehe sie uns über den Kopf wachsen, und werfen wir alle die kleinen unwürdigen Problemchen, mit denen wir unser und der Mitmenschen Leben vergiften, über Bord!

WENN EINER VON UNS GEHT

Der Zeitpunkt unseres Weggehens aus dieser Welt ist uns glücklicherweise nicht bekannt. Wäre das der Fall, so würden wir unser Leben ganz anders einrichten, wir würden uns auf den Zeitpunkt gebührend vorbereiten, und wir würden sicherlich zu einer viel größeren Reife gelangen. Es ist hierbei gleichgültig, was der Mensch über das Sein nach dem Tode denkt. Glaubt er, daß es kein Weiterleben gibt, dann müßte er versuchen, sein hiesiges Dasein möglichst reich und farbig zu gestalten, jeden Tag bis zur Neige auszukosten und mit den Menschen in Frieden zu leben. Da er, wie jeder andere Mensch, den Wunsch nach irgendeiner Unsterblichkeit in sich trägt, müßte es sein Anliegen sein, schöpferisch zu wirken. Wenn er schon nicht begabte Kinder in die Welt setzt, die seine Absichten verwirklichen, so müßten seine Werke ihn unsterblich machen. Wenn er aber in keiner Weise weiterzuleben glaubt, so hätte er zumindest die Beruhigung, daß er, der nach diesem Leben ins Nichts zerfällt, nun endlich von allen Problemen befreit, zur Ruhe kommen wird.

Glaubt einer wie die Inder an eine Reinkarnation, dann weiß er, daß noch viele Begegnungen auf ihn im nächsten Leben warten, und er nimmt sich vor, sich weiterzuentwickeln, bis er auf Gott hin ganz transparent geworden ist.

Und einer, der im christlichen Sinne an das ewige Leben glaubt, auch der weiß, daß er alles zu verantworten hat, was er im Leben getan hat, und er wird dafür sorgen, möglichst wenig ungeklärte und ungute Verhältnisse zu hinterlassen, und versuchen, sich mit jedermann zu versöhnen.

Da wir nicht wissen, wann für uns die Stunde schlägt, und leichtsinnig glauben, noch viel Zeit vor uns zu haben, nehmen wir es mit der Gewissenserforschung und -reinigung nicht allzu ernst.

In alten Zeiten und in kleineren Orten hörten die Bewohner einer Stadt oder eines Dorfes die Totenglocke bei jeder Beerdigung ertönen. Wir hören sie kaum noch. John Donne, ein Mystiker, sagt: „Höre auf den Klang der Totenglocke, er gilt immer dir!"

Im katholischen Glaubensraum gibt es ein Gebet, das heißt: „Und bewahre uns vor einem plötzlichen Tode!" — Warum soll Gott uns davor bewahren? Wenn einer heute an einem Herzinfarkt auf der Straße stirbt, trösten wir die Hinterbliebenen mit den Worten, es sei ihm das Altern und vielleicht ein langes Siechtum erspart geblieben. Jenes Gebet aber meint etwas ganz anderes, nämlich, daß man nicht unvorbereitet jene Grenze überschreiten möge. Wenn also einer so lebt, daß er jederzeit für den Tod bereit ist, dann ist es gleich, wie er stirbt.

Nicht nur müssen *wir* für dieses Ereignis bereit sein, wir müssen auch mit unseren Angehörigen und Freunden darüber sprechen können. In der heutigen Zeit ist der Tod und das Sterben ein Tabu geworden; alle gehen darum herum, als ob es ihn gar nicht mehr gäbe. Manchmal fängt einer der uns Nahestehenden unter dem Eindruck des Todes eines Verwandten oder Freundes an, darüber zu sprechen, oder weil er durch Alter oder Krankheit veranlaßt wird, sich damit auseinanderzusetzen.

Was tun wir? Wir weichen dem Gespräch aus; es ist uns peinlich, darüber zu reden. Vielleicht wissen wir auch nicht, was wir sagen sollen, oder wir schieben das Thema weg, weil wir uns selbst damit und mit der möglichen Trennung von einem Menschen, den wir lieben, getroffen wissen. Und dennoch wäre es für alle Beteiligten gut, darüber zu sprechen. Es gibt so viele verborgene Winkel in der Seele eines Menschen, geheimnisvolle Erlebnisse, Gewissensbisse und unerledigte Dinge, die er gerne einmal aussprechen möchte. Aber wir verwehren es ihm, und so bleiben die Dinge unausgesprochen. Wenn er einmal von uns gegangen ist, dann machen wir uns Vorwürfe.

Wir sind heute so selten dabei, wenn einer der uns nahestehenden Menschen stirbt. Ist er krank, so wird er ins Krankenhaus transportiert, wo er seine letzte Stunde erlebt. Gewiß, die sozialen Verhältnisse haben sich grundlegend geändert, man hat nicht genug Raum, man hat kein Pflegepersonal, man selbst ist zu alt oder krank oder berufstätig, und man findet auch nicht immer einen Arzt, der so oft wie nötig zum Kranken kommt. Nicht selten ist es aber auch Furcht, die uns daran hindert, einen geliebten Menschen bis an die Grenze des Daseins zu begleiten.

In früheren Zeiten nahm man die Kranken aus dem Krankenhaus heraus, wenn man wußte, daß sie sterben würden, damit sie zu Hause sterben konnten, und man legte Wert darauf, vorbereitet und mit vollem Bewußtsein zu sterben. Welche Großartigkeit und Würde war in solchem Sterben, und wie tröstlich war es für die Angehörigen und Freunde! Man ordnete sein Hauswesen; manche Hausfrau bereitete die Leichenfeier bis in alle Einzelheiten vor. Das Diesseits strahlte in das Jenseits und das Jenseits in das Diesseits herüber, und es war nur ein gleitender Übergang.

Es kommt nicht selten vor, daß man auf das Sterben eines lieben Menschen wartet, weil er körperlich oder seelisch viel leiden muß und man seine Qual verkürzen möchte. Wenn er aber die Augen geschlossen hat, dann wird man gewahr, wieviel einem fehlt. Plötzlich ist er nicht mehr da; der Gesprächspartner fehlt, der Dienst an ihm, mochte er auch noch so beschwerlich gewesen sein, fehlt. Das Zimmer, das Bett, der Sessel sind leer, und man fühlt sich wie in seiner Mitte durchgetrennt. Man muß jahrelange Gewohnheiten aufgeben und weiß zunächst mit seiner Zeit, mit sich selbst nichts Rechtes anzufangen. Viele retten sich in ein Scheintun: sie suchen das Grab des Entschlafenen auf, sie pflegen und ordnen die Blumen, eigentlich mehr, um sich zu beschäftigen, denn sie müßten wissen, daß der, der dort liegt, nicht mehr er ist. Das Vergängliche an ihm wird sich in Erde verwandeln. Vielleicht ist es nur eine Ersatzhandlung, um aus den leeren vier Wänden zu flüchten, um an diesem Ort ein Zwiegespräch mit dem Verstorbenen zu führen, das man zu seinen Lebzeiten versäumt hatte. Dann kommen die Gedanken, die so vieles korrigieren möchten. Warum kamen sie nicht früher, warum lebte man nicht miteinander in dem Bewußtsein, daß einmal eine Trennung kommen müsse? Man würde einander viel Zank, Unfreundlichkeit und spitze Worte erspart haben.

Der Tod ist ein Ablösungsprozeß, so sollten wir ihn verstehen, und wir sollten unsere Selbstsucht so weit fallen lassen, daß wir nicht nur an uns denken, uns bemitleiden und uns fragen: Warum geschah dies gerade uns? Denken wir an den, dessen Seele jetzt in anderen Bereichen weilt, und denken wir mit dankbaren und helfenden Gedanken an ihn. Im alten Ägypten und in Tibet, in der orthodoxen und katholischen Kirche sind die im Leben Stehenden aufgerufen, für die Seele der Verstorbenen zu beten. In Gebeten und Anrufungen, in sakralen Zeremonien führt man gleichsam die Seele in das andere Reich ein, wie man ein Kind in die Schule einführt.

Ein altägyptischer Hymnus von dem „himmlischen Reich“ kündet:

Du fragst: Wer wird uns denn bringen,
wer wird uns ins Königreich bringen,
ins Reich, das im Himmel ist? —
Die Vögel in den Lüften,
die wimmelnden Tiere der Erde,
die Fische der Ströme im Meere,
sie alle werden dich bringen,
ins himmlische Königreich bringen,
das in deinem Herzen ist.

(Übersetzt von Ludwig Goldschneider)

Und im ägyptischen Totenbuch heißt es:

Hier sind die Worte zu sprechen
am Tage der Bestattung,
da in die Welten des Jenseits die Seele einzieht,
vom Leibe getrennt...

Göttliche Geister, die die geläuterten Seelen
zu Osiris geheiligter Wohnstatt geleiten,
erlaubt mir, an eurer Seite zu schreiten,
geläuterte Seele auch ich.
Laßt in Osiris geheiligte Wohnstätte mich ein!
Könnte ich hören wie ihr,
sehen wie ihr,
verbleiben wie ihr, nach Belieben,
ob stehend, ob sitzend!

Ihr göttlichen Geister, seht nun, wie zusammen mit euch
meine Seele vorwärtsschreitet; sie redet zu euch;
wie ihr selbst, ist sie geheiligt, weil die Waage der Richter
für sie sich entschieden.
Nun komm ich zum Reiche der Wahrheit-Gerechtigkeit,
und als lebendige Gottheit erhalt ich die Krone.
Groß ist mein Glanz unter den Göttern,
die mich an allen Seiten umringen,
sitzend mit ihnen ebenbürtig, ihr Brüder...

Im Tibetanischen Totenbuch, dem Bardo Tödöl, wird der Tote durch die Lebenden in die jenseitigen Bereiche geführt.

Du wirst wie aus einem Schlaf erwachen.
Wisse, daß du den Körper verlassen hast, den du beseeltest.

Blick auf ihn, er liegt bewegungslos dort.
Empfinde kein Bedauern.
Empfinde keine Bindung an ihn.
Verweile nicht bei denen, die deine Verwandten und Freunde waren.
Setze dir nicht in den Kopf, mit ihnen zu reden.
Deine Stimme ist klanglos, sie können dich nicht hören.
Halte dich nicht auf, die Gebiete zu durcheilen,
die Gegenstände zu betrachten, die dir gehörten...
Suche nicht die Bande zu ihnen zu erneuern. Löse dich ab.
Wisse, daß du einen Traum aus nicht beständigen Formen
gestaltet hast. Da du die Befreiung nicht in dem Augenblick
ergreifen konntest, in dem das Licht der Wirklichkeit
dich umhüllte, wirst du fortfahren, angenehme oder leidvolle
Träume zu träumen. Im Verlauf von diesen werden dir
die Möglichkeiten geboten, die Erkenntnis zu erlangen...

Solche geistige Führung vollzieht sich in Ägypten und in Tibet und ebenso im orthodoxen Glauben vierzig Tage lang, bis die Seele sich der anderen

Umgebung angepaßt hat. So wird der Überlebende für eine Weile der Führer des Verstorbenen. Erst dann hat er in dem Abgeschiedenen einen geistigen Helfer und Fürbitter.

In der katholischen Messe für die Verstorbenen wird am dritten, siebenten und dreißigsten Tag folgendermaßen gebetet:

„Wir bitten dich, o Herr, nimm die Seele deines Dieners, nach dessen Begräbnis wir den dritten Tag begehen, huldvoll in die Gemeinschaft deiner Heiligen und Auserwählten auf und gieße über sie den ewigen Tau deiner Barmherzigkeit aus. Durch unseren Herrn.

Befreie, o Herr, die Seelen aller verstorbenen Gläubigen von jeder Fessel der Schuld. Deine Gnade komme ihnen zu Hilfe, auf daß sie entrinnen dem Rachegerichte. Laß sie genießen des ewigen Lichtes Glückseligkeit!"

Und die orthodoxe Kirche betet für die Verstorbenen:

„Herr, laß die Seele mit deinen Heiligen ruhen, dort wo es weder Krankheit noch Trauer noch Seufzer gibt, sondern ewiges Leben!"

Daraus ersehen wir, daß alle Hochreligionen von der Unsterblichkeit der Seele durchdrungen sind und daß sie dem Priester, der Gemeinde und den Angehörigen durch das liturgische Gebet die Führung der Seele des Verstorbenen im Jenseits für die ersten vierzig Tage überlassen. Es ist eine überaus tröstliche Vorstellung und ein Auftrag!

ÜBER DIE SCHWELLE

So steht der alternde Theodor Fontane zum Sterben:

Leben; wohl dem, dem es spendet
Freunde, Kinder, täglich Brot.
Doch das Beste, was es sendet,
ist das Wissen, daß es endet,
ist der Ausgang, ist der Tod.

Den meisten von uns ist ein solcher Ausspruch unverständlich. Wieso soll der Tod das Beste sein — dieser große Unbekannte, Unheimliche? Waren wir doch gewohnt, das Leben für das Beste zu halten; dieses Leben, von dem wir glauben, daß wir wissen, woran wir sind. Und dennoch muß ich Meister Fontane aus vollem Herzen zustimmen. Wer nicht in innerer Freudigkeit und gelassener Bereitschaft sich auf den Tod einzustimmen vermag, der hat nie richtig gelebt; er hat nie das geheimnisvolle Wort Christi verstanden: „Werdet wie ein Licht, das leuchtet." Dieses Leuchten geschieht immer aus überirdischer Kraft, es bezieht seine Strahlkraft aus dem jenseitigen Bereich. Graf Karlfried von Dürckheim benennt diesen Zustand „Transparenz". Er sagt in seinem Buche „Überweltliches Leben in der Welt": „Wo menschliches Leben seiner Bestimmung gemäß heranreift, erfüllt es sich mit Transparenz. In ihr werden Mensch und Welt durchsichtig und durchlässig für das in ihnen gegenwärtige überweltliche

Leben... Die Dinge beginnen von innen zu leuchten. Ist der Mensch im Zustand voller Transparenz, dann wird auch alles, was ihm begegnet, transparent. Das Wesen des anderen wird offenbar, aber auf dem Hintergrunde seiner Transparenz nun auch Art und Maß seiner Verstelltheit... So ist Transparenz das Tor zu einer schöpferischen, erlösenden Kraft, die heilsam in die Welt wirkt."

Viele von uns haben Angst vor dem Tode. Haben sie die gleiche Angst vor dem Bruder des Todes, dem Schlaf? Nein, im Gegenteil, sie sehnen ihn herbei. Was ist aber der Schlaf anderes als ein kleines Abbild des Todes? Unser Körper liegt entspannt da, alle biologischen Funktionen sind verlangsamt. Wo befindet sich unser Geist? Wandert er durch die Welten, oder lauscht er versponnenen Geschichten, die ihm unser Unterbewußtsein vorgaukelt? Wir wissen es nicht, aber wir geben uns willig dem Schlaf und dem Traum hin, und wir haben weder mit unserem Bewußtsein noch mit unserem Willen noch mit Medikamenten die Macht, die Träume zu beeinflussen. Alle Kreaturen dieser Erde begeben sich in den Schlaf. Es ist eine Freude, schlafende Tiere zu beobachten; wie lässig entspannt sind sie, und wie schön sieht ein entspannter Mensch im Schlafe aus!

Eine der Geißeln unserer Zeit ist die Schlaflosigkeit, die den Menschen Qualen bereitet. Wie unglücklich sind wir, wenn wir nicht schlafen können, wir versuchen es unter Zuhilfenahme von Medikamenten zu erzwingen. Manche haben Angst vor dem Erwachen, vor dem Anbruch eines neuen Tages mit seinen Anforderungen. Wer aber hat Angst vor dem Schlaf? Niemand. Sicherlich ist der Zustand nach dem Tode mit dem des Schlafes nicht ganz identisch, denn dort handelt es sich um ein totales Aufhören der biologischen Funktionen und um eine Ablösung der Seele vom Körper.

Es tut not, uns von der Verklammerung an dieses Sein, an unseren Besitz, an die Sorgen um die Bewältigung des Alltags und von der Bindung an unsere Angehörigen und Freunde freizumachen. Man kann nie früh genug damit beginnen. Wir nehmen nichts mit in das andere Reich als unseren Geist und das, was wir mit dem Geist gemacht haben. Wir sollten uns früh an den Gedanken gewöhnen, daß Menschen, Tiere und Dinge auch ohne uns ihr Leben weiterleben werden, bis ihre Stunde schlägt. Je leichter und undramatischer wir uns ablösen, um so leichter machen wir es unseren Lieben, die Trennung zu überwinden.

Mit welch wunderbarer Gelassenheit dachte Goethe an den Tod! Eckermann berichtet von einem Spaziergang im Abendlicht. Goethe zitierte einen alten Klassiker: „Untergehend sogar ist's immer dieselbe Sonne." — „Wenn einer fünfundsiebzig Jahre alt ist", fuhr er fort, „kann es nicht fehlen, daß er mitunter an den Tod denke. Mich läßt dieser Gedanke in völliger Ruhe; denn ich habe die feste Überzeugung, daß unser Geist ein Wesen ist ganz unzerstörbarer Natur; es ist ein Fortwirkendes von Ewigkeit zu Ewigkeit, es ist der Sonne ähnlich, die bloß unseren irdischen Augen unterzugehen scheint, die aber eigentlich nie untergeht, sondern unaufhörlich fortleuchtet."

Der große Gelehrte Wilhelm von Humboldt schrieb 1826 nach der Lektüre der Bhagavadgita über das Sterben: „Man sehnt sich zugleich nach Ruhe und nach Streben ins Unendliche. Aber die Ruhe ist nur Freiheit von irdischen Trieben, und das Streben das leichte, geistige, das ohne Beimischung von Müdigkeit und Verwirrung bleibt. Dann vereinigen sich auch die Bilder der Erde und des Himmels so schön. Die Erde bietet ihren Schoß zur Ruhe, und der Himmel öffnet seine Räume zu ungehemmtem Streben. Wer den Tod so fühlt, dem wird er zu einer plötzlich erscheinenden sanften Lösung des Lebens, und einer Lösung bedarf das Leben doch. Denn es ist Fessel und Rätsel."

Und ein andermal schreibt er: „Man kommt so ohne Erinnerung und Bewußtsein in die Welt, daß es wohl der Mühe verdient, sie wenigstens mit klarer Besonnenheit zu verlassen. Es ist mir, als kennte man nicht das ganze Leben, wenn man nicht den Tod gewissermaßen mit in den Kreis einschließt."

Es ist gut, wenn man in innerem Frieden und in Heiterkeit sich mit dem Gedanken an den Tod vertraut macht. Kann man sterben ohne Angst, so kann man leben ohne Angst. Alle, die das Sterben bewußt auf sich genommen haben und die bei vollem Bewußtsein starben, sie starben in Gelassenheit und Würde. Von dem Mystiker Plotin (†270) wird berichtet, daß er sterbend seinem Arzt sagte: „Ich habe auf dich gewartet. Nun werde ich das Göttliche in mir zum göttlichen All zurückbringen."

Der Karmelitermönch Bruder Lorenz (1640—1691): „Ich tue, was ich in Ewigkeit tun werde, Gott danken, Gott loben, Gott preisen, Gott alle Liebe geben, die in meinem Herzen ist."

Der Maler William Blake (1757—1827) sang vor dem Tode geistliche Lieder, dann wandte er sich an seine Frau: „Mein Liebes, ich gehe nun in das Land, das ich mein Leben lang zu sehen gewünscht habe. Ich bin glücklich darüber und hoffe durch Christus erlöst zu werden. Aber wir werden dadurch nicht voneinander getrennt. Ich werde immer bei dir sein und auf dich achtgeben."

Der Mystiker Jakob Böhme (1575—1624) wußte auf die Minute genau die Zeit seines Todes. Zum Schluß hörte er himmlische Musik. Dann sagte er laut: „Es ist Zeit, ins Paradies zu gehen" — und entschlief.

Der englische Arzt William Hunter (1718—1783): „Hätte ich Kraft genug, eine Feder zu halten, ich würde niederschreiben, wie leicht und angenehm das Sterben ist."

Und der Arzt und Schriftsteller Johann Heinrich Jung-Stilling (1740—1817): „Ich glaube, ich habe den Todeskampf ausgekämpft, denn ich fühle mich so allein, gleichwie in einer Einöde — und doch innerlich so wohl."

Der berühmte Erfinder Thomas Alva Edison (1847—1931): „Herrlich ist es drüben!"

Meine Frau wurde einigemale von einer Ohnmacht befallen. Es ist ein erschütternder Anblick, wenn ein geliebter Mensch durch Schmerz oder einen Unfall das Bewußtsein verliert, natürlich denkt man im ersten Augenblick, er sei tot. Die Ohnmacht ist so etwas wie ein kleiner Tod. Meine Frau kam wieder zu sich und schaute sich erstaunt, wie fremd, um, dann wurde ihr bewußt, wo sie war und daß sie noch lebte. Es war etwas wie ein Bedauern in ihr. Ich fragte sie behutsam, wie sie sich fühle. Sie schaute mich an und sagte: „Es war ein wunderbarer Zustand, fast tut es mir leid, daß ich wieder aufgewacht bin."

Nach dem Tode meiner Frau erlebte ich im Kraftwagen — ich war durch die Pflege und die nachfolgenden Belastungen erschöpft — einen Ohnmachtsanfall. Es war das schönste und unvergeßlichste Erlebnis, das ich je gehabt habe. Ich war in ein mildes Licht getaucht und hörte eine wunderbare, an nichts Irdisches erinnernde Musik. Ich war von einer zeit- und ortlosen Seligkeit umfangen. Dann wurde ich von einem heftigen Stoß geweckt. Mein Fahrzeug war gegen einen Mast geprallt. Das plötzliche Zurückkehren in die Wirklichkeit dieses Lebens war schmerzhaft und enttäuschend. Ich hatte nie richtig begriffen, wie es sei, daß die Engel im Himmel Gott lobpreisen, und dachte mir, ein permanenter Zustand der Lobpreisung sei wohl etwas mühsam und langweilig. Seit ich dieses Erlebnis gehabt habe, weiß ich, was damit gemeint ist. Zeit und Raum waren aufgehoben, und jene kurzen Sekunden oder Minuten vermittelten mir das Erlebnis einer Ewigkeit. Die Seligkeit war so überwältigend, daß ich begriff, daß man in diesem Zustand sein vergangenes Leben und seine Freunde hinter sich lassen und sich ganz diesem Wunderbaren überlassen kann.

In der orthodoxen Kirche sieht man dem Tode heiter entgegen. Man betet für die Seele des Verstorbenen die ersten vierzig Tage; dann aber erwartet man, daß die Seele, nun drüben vertraut geworden mit den Heiligen und Weisen, den auf der Erde Lebenden zu Hilfe kommt. So entsteht eine natürliche und strahlende Verbindung zwischen hier und dort, oder auch nur zwischen einem Materiellen und Immateriellen hier; denn wir wissen nicht, wo die immaterielle Dimension sich befindet und ob es überhaupt eine Dimension ist.

Jakob Böhme antwortete auf die Frage: „Wo fährt die Seele hin, wenn der Leib stirbt?" — „Sie bedarf keines Ausfahrens." —

Es ist erstaunlich, was die Christen in den fast zweitausend Jahren des Christentums daraus gemacht haben. Immer wenn ich bei einer Beerdigung zugegen bin, packt mich ein Grauen: schwarzumränderte Todesanzeigen, schwarze Schleife an der Haustür, schwarze Kleider, schwarze Mienen. Warum? Weil der Mensch seine Erdentage vollendet hat und sein unsterblicher Geist den Körper verläßt, um neuen Aufträgen und Bestimmungen entgegenzugehen? Ist das ein Grund zur Trauer? Natürlich beklagt man sich selbst, weil ein lieber Mensch nicht mehr greifbar gegenwärtig ist. Hat man sich aber angewöhnt, auch auf Erden aus dem Geiste zu leben, dann wird die Verbindung, die eine geistige war, auch durch den Tod nicht unterbrochen.

Wunderbare Worte hören wir aus dem Munde des persischen Dichters Djalal al dın Rumi:

Ich starb als Stein und wurde eine Pflanze.
Ich starb als Pflanze und erhob mich wieder als Tier.
Ich starb als Tier und ward ein Mensch.
Warum sollte ich mich fürchten? Hat der Tod mich je vermindert?
Einmal noch als Mensch werde ich sterben, um emporzufliegen
mit den seligen Engeln; sogar das Engelhafte
werde ich aber verlassen müssen. Alles vergeht außer Gott.
Wenn ich meine Engelsseele geopfert habe,
werde ich das werden, was kein Mensch je erkannt hat.
Oh, laß mich nicht sein! Denn Nichtsein verkündet:
„Zu ihm werden wir zurückkehren."

Einige Angaben über Leben und Schaffen des Autors

Es ist nur allzuverständlich, daß viele Leser und Hörer Lindenbergs den Wunsch haben, Einzelheiten über ihn zu erfahren; denn mit seiner großartigen Erzählergabe durchleuchtet er sein Leben und seine Erlebnisse und leitet seine Leser zu den wahren Werten des Lebens. Das Vorliegen der fast vollständigen biografischen Werke gibt Anlaß zu einem kurzen Überblick über sein Schaffen, das sich u. a. in der Verbreitung von über einer 1/4 Million Exemplaren seiner Bücher niedergeschlagen hat.

Wladimir Lindenberg wurde 1902 in Moskau geboren. Er wuchs im »Weißen Haus«, einem feudalen Landsitz seiner Familie in der Nähe Moskaus auf. Über diese sorglose Atmosphäre im alten Rußland, über die Menschen seiner Umgebung berichtet er in

»Marionetten in Gottes Hand.
Eine Kindheit im alten Rußland«.

Warmherzig, mit Humor und in liebenswerten Einzelheiten erzählt L. von seiner Mutter, der Kinderfrau, Verwandten und Freunden, den Sitten und Gebräuchen.

Der Krieg 1914–18 brachte eine tiefgreifende Veränderung. Das alte Rußland zerfiel und mit ihm geheiligte Traditionen – eine Welt zerbrach. Bobik und seine Familie geriet in den Strudel, jedoch, er kam lebend aus diesem »Feuerofen« heraus. Diese Erlebnisse, dramatisch und packend, bilden den Inhalt des zweiten Bandes seiner Autobiographie:

»Bobik im Feuerofen.
Eine Jugend in der russischen Revolution«.

Eine große Umstellung bedeutete für den jungen Bobik der Neubeginn in Deutschland; zuerst noch als Schüler, dann als Student der Medizin. Als Fremdling mußte er sich mit einer neuen Sprache und anderen Lebensgewohnheiten vertraut machen. Aber er gewann Freunde, die ihm halfen, eine neue Heimat zu finden. Diesen Lebensabschnitt hat L. in dem autobiographischen Band

»Bobik in der Fremde. Ein junger Russe in der Emigration«

beschrieben. Für den heutigen Leser sind seine Begegnungen mit bekannten Menschen aus der Zeit nach dem 1. Weltkrieg, sowie die Berichte über damalige Verhältnisse höchst interessant. Bobik beendete sein Studium, und wir erfahren von den Anfängen seiner ärztlichen Tätigkeit – des Liebes- und Heildienstes am Kranken. Es folgen lange, erlebnisreiche Reisen als Schiffsarzt zu verschiedenen Kontinenten. Im Jahre 1973 veröffentlichte L. ein weiteres Buch über diese bewegte Periode seines Lebens mit dem Titel:

»Wolodja. Porträt eines jungen Arztes«.

Ein junger, von Idealen erfüllter Arzt begegnet der Trägheit des Herzens, der Verhärtung und Unmenschlichkeit und erfährt, daß Helfen und Heilen in der Kraft menschlicher Begegnung wirksam wird.

An diese vier biographischen Werke reiht sich ein fünftes, das in loser Folge von Reisen berichtet, die L. als Knabe mit seiner Mutter unternehmen durfte:

»Bobik begegnet der Welt.
Reiseerlebnisse formen einen jungen Menschen«.

Ein Leser schreibt: »Das Buch besitzt hohen informativen Wert schon von den beschriebenen Schauplätzen her, was uns aber zum unvergleichlichen Erlebnis wird, das ist die wohltuende überwältigende Seelenmacht, mit der es uns umfängt«.

Nach der Rückkehr von seinen Reisen als Schiffsarzt fand L. seine Lebensaufgabe als Betreuer von Hirnverletzten, zuerst als Mitarbeiter bei Prof. Poppelreuter in Bonn und später als Leiter der Hirnverletztenabteilung des Ev. Krankenhauses Berlin-Spandau. Heute lebt L. in Berlin als frei praktizierender Arzt.